샤랄라라

멋과 유행의 역사가
궁금해!

별난 세상 별별 역사 ❽
샤랄랄라 멋과 유행의 역사가 궁금해!

ⓒ 글터 반딧불, 김정진 2020

1쇄 펴낸 날 2020년 4월 20일
2쇄 펴낸 날 2021년 9월 06일

지은이 글터 반딧불
그린이 김정진

펴낸이 최금옥
기획   글터 반딧불
편집   최명지
디자인 남철우

펴낸곳 이론과실천
등록 제10-1291호
(07207) 서울시 영등포구 양평로21가길 19 선유도우림라이온스밸리 B동 512호
전화 02-714-9800 │ 팩스 02-702-6655

ISBN 978-89-313-8128-3 74900
ISBN 978-89-313-8120-7 (세트)

＊ 이 책의 일부 또는 천부를 사용하려면 반드시 저작권자와 이론과실천 양측의 동의를 모두 얻어야 합니다.
＊ 값 12,000원
＊ 잘못된 책은 바꾸어 드립니다.

꼬마이실은 이론과실천 의 어린이책 브랜드입니다.

별난 세상
별별 역사
08

샤랄라
멋과 유행의 역사가 궁금해!

★ 별난 세상 별별 역사 시리즈를 발간하며 ★

인류의 역사시대는 짧게는 2~3천 년, 길게 잡아도 5천 년쯤이다. 이 시간 동안 인류가 이룬 문명은 상상을 초월할 만큼 엄청나다. 선사시대 원시인들이 올려다보던 달과 별에 지금은 우주선을 쏘아 올리는 시대가 되었으니 말이다. 그런데 놀라운 것은 이런 눈부신 문명의 발전에는 극히 사소한 것들의 역사가 자리 잡고 있다는 사실이다.

사람들은 대개 역사라고 하면 중대한 사건이나 영웅적 인물을 먼저 떠올리기 쉽다. 그러나 그것만이 역사의 전부는 아니다. 알고 보면 역사는 그리 멀리 있지 않다. 예컨대 우리가 일상생활에서 쉽게 접하는 불, 돈, 바퀴는 인류의 3대 발명품으로 꼽힌다. 그만큼 문명의 발전에 크게 이바지했기 때문이다.

원시인이 동굴에서 피우는 불은 그저 모닥불에 지나지 않는다. 하지만 그 열을 이용해 철을 뽑아냄으로써 오늘날과 같은 철기문명을 일구어 냈다.

바퀴도 다르지 않다. 바퀴라고 하면 대부분 수레나 자동차의 바퀴 따위를 떠올릴 테지만 그뿐만이 아니다. 곡식을 찧는 물레방아도, 바람의 힘을 모으는 풍차도 바퀴의 원리를 이용한 것이다. 창틀 아래에도, 의자 밑에도, 시계 속에도 바퀴가 있다. 지금처럼 교통과 산업이 발전한 까닭도 각종 기계 속에 들어 있는 톱니바퀴의 움직임 덕분이다.

돈 역시 처음에는 거래의 편리함을 위해 만든 것이다. 물물교환 시대를 떠올려 보자. 소금 한 자루나 쌀 한 자루를 낑낑대며 짊어지고 가서 바꾸려면 얼마나 힘이 들겠는가? 이런 불편함을 덜기 위해 돈이 탄생했지만 진화를 거듭하면서 오늘날 자본주의라는 복잡하고 거대한 경제 구조를 만들어 냈다.

이처럼 우리 생활 속 아주 가까이에는 인류의 역사에 중요한 획을 그은 것이 수도 없이 널려 있다. 눈을 크게 뜨고 보면 역사는 우리가 먹는 밥에도 있고, 늘 입고 다니는 옷에도 있고, 심심할 때 가지고 노는 장난감에도 있다. 신발 밑에도 있고, 시계 속에도 있고, 성냥갑에도 있고, 주머니 속의 동전에도 있다.

〈별난 세상 별별 역사〉 시리즈를 만든 것은 그런 이유다. 우리 주위에서 쉽게 마주치는 물건들의 눈을 통해 인류의 역사와 문명을 한번 꿰뚫어 보자는 것이다. 똑같은 역사라도 산업의 관점에서 보는 것과 돈의 관점에서 보는 것, 바퀴의 관점에서 보는 것은 다르다. 이 시리즈에서 주제어가 된 다양한 사물은 인류의 역사적 흐름을 읽어 내는 열쇠 구실을 한다. 그 열쇠로 역사의 문을 열어젖히면 놀라운 일이 벌어질 것이다. 그동안 무심코 지나쳤던 사물 속에서 우리가 미처 알지 못한 재미난 이야기가 수두룩하게 쏟아져 나올 테니까 말이다.

역사를 흔히 큰 강에 비유한다. 하지만 작은 물줄기가 모여야 큰 강이 이루어진다. 인류의 역사도 마찬가지다. 다양한 분야의 역사가 모여 큰 역사가 만들어진다.

세상 사람들은 각각의 생김새만큼이나 서로 다른 관심거리와 취향을 가지고 있다. 정치나 경제, 사회, 예술 같은 무거운 주제에 관심을 가진 이도 있지만 패션, 요리, 장신구 같은 생활 문화나 로봇, 자동차, 컴퓨터 같은 과학 기술, 혹은 우주, 공룡, UFO 같은 신비한 세계에 관심을 가진 이도 있다.

여러분이 어떤 사물에 지대한 관심과 애착을 가진 마니아라면 이 시리즈를 통해 그에 대한 호기심과 갈증을 채울 테고, 그렇지 않더라도 폭넓은 지식과 교양을 쌓을 수 있다. 모쪼록 이 시리즈 하나하나가 여러분이 세상 보는 눈을 키우는 데 보탬이 되고, 다양한 역사 상식을 얻을 수 있는 보물 창고가 되길 바란다.

— 글터 반딧불

차례

프롤로그—멋과 꾸밈새, 그리고 별별 유행 … 8

제1장 고대 인류의 멋과 유행

1. 멋은 왜 부릴까? … 12
2. 멋 내기의 두 갈래 … 15
3. 비너스가 뭐 저래! … 18
4. 외계인 같은 짱구 머리와 까까머리 … 22
5. 조각 미녀와 조각 미남 … 25
6. 로마에서 유행한 공중목욕탕 … 29
7. 남자의 귀걸이는 무죄 … 34
8. 동서양을 잇는 다리가 된 비단 … 38

제2장 누구도 못 말리는 해괴한 멋 내기

1. 미녀를 따라 얼굴 찡그리기 … 44
2. 귀를 부끄러워하며 가린 이유는? … 48
3. 뾰족한 것이면 뭐든 유행이 되다 … 51
4. 모나리자 눈썹의 비밀 … 55
5. 키 높이 신발은 언제부터 유행했나? … 59
6. 아무리 예뻐도 발이 크면 반쪽 미인 … 62

제3장 멋과 유행을 이끈 왕과 귀족

1. 빨간 구두를 신은 멋쟁이 신사 … 68
2. 스타킹은 본래 남성들의 패션 용품이었다? … 72
3. 부풀린 치마가 낙하산이 되다? … 76
4. 해괴하고도 멋진 가발의 대유행 … 81
5. 향수를 유행시킨 목욕 공포증 … 86
6. 마술 모자 토퍼가 유명해진 이유 … 90
7. 여왕들이 탐내던 진주 목걸이, 라 페레그리나 … 95

제4장 멋과 유행의 새바람, 대중문화

1. 여성들의 바지 입기와 자전거 열풍 … 102
2. 대통령의 이름을 본뜬 곰 인형, 테디 베어 … 106
3. 멋과 유행에 희생된 동물들의 수난사 … 109
4. 부자들의 장난감에서 생활필수품이 된 자동차 … 114
5. 20세기 새로운 산업이 된 대중문화 … 118
6. 멋과 유행은 돌고 도는 것 … 124

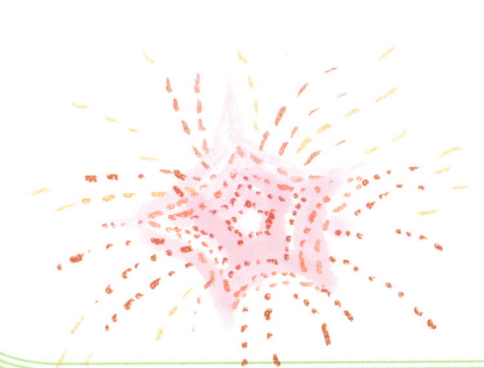

프롤로그

멋과 꾸밈새, 그리고 별별 유행

『이솝 이야기』에 나오는 '새들의 왕 뽑기' 이야기를 알고 있니? 검은 깃털을 가진 까마귀가 새들의 왕을 뽑는 대회에 여러 새들의 깃털을 몸에 꽂고 나가서 많은 주목을 받지만 금방 정체가 탄로 나고 웃음거리가 된다는 이야기야. 만약 이 대회에 인간이 참여했다면 어땠을까? 어쩌면 까마귀만도 못했을 거야. 왜냐하면 인간은 검은 깃털조차 없는 맨몸뚱이거든.

하지만 지금 인간은 어떤 동물보다 멋진 몸단장을 하고 있어. 만약 『이솝 이야기』 속의 까마귀가 인간 세상에 온다면 아무도 손가락질하지 못할 거야. 까마귀가 멋진 깃털로 몸을 장식했던 것처럼, 인간도 동물이나 식물에서 얻은 재료 혹은 반짝이는 보석 같은 것으로 멋지게 꾸미고 있기 때문이지.

누가 얼마나 잘 치장하느냐에 따라 유행에 앞서기도 하고 뒤처지기도 해. 옛날에는 신분에 따라 꾸밈새가 달라지기도 했어. 또 시대와 환경에 따라 별별 괴상한 유행을 창조하기도 했지. 그럼, 지금부터 인간의 멋과 유행이 어떤 흐름을 타고 왔는지 한번 살펴볼까?

어떤 것을 보고 색다른 아름다움을 느낄 때
우리는 '멋지다'라는 표현을 쓰곤 해. 멋이란 뭘까?
'멋'은 차림새나 행동이 세련되고 아름다운 것을 말해.
혼자 멋을 내고 만족하는 데 그치지 않고
사회 전체로 퍼져 나가 거대한 흐름을 이룬다면
우리는 그것을 '유행'이라고 불러.
그럼, 까마득한 옛날에는 어떻게 멋을 내고
어떤 치장이 유행했는지 들여다볼까?

제1장 고대 인류의 멋과 유행

1 멋은 왜 부릴까?

멋이란 말은 인간이 만들어 낸 거야. 그럼 인간만이 멋을 부리는 걸까? 그렇지는 않아. 어쩌면 이 세상에 살아 있는 모든 것들은 아름다움을 추구하는 본능을 가지고 있는지 몰라. 동물이든 식물이든 상관없이 말이야.

예컨대 지구상의 식물은 저마다 아름다운 꽃을 피우고 싱그러운 향기를 내뿜어. 식물이 꽃을 피우는 이유는 뭘까? 그건 열매를 맺기 위해서야. 꽃이 피지 않으면 열매를 맺을 수 없고 종자를 퍼뜨릴 수 없거든. 쉽게 말해 꽃이 없다면 그 식물은 사라지고 말 거야. 식물이 더 많은 열매를 맺고 씨앗을 멀리 퍼뜨리려면 벌과 나비를 많이 불러들여야 해. 따라서 식물에게 예쁜 꽃이나 향기는 곤충을 유혹하기 위한 멋 내기란다.

동물도 다르지 않아. 아름다운 깃털이나 멋진 뿔, 우람한 덩치를 뽐내어 자신이 훌륭한 후손을 퍼뜨릴 유전자를 가진 존재임을 알린단다. 다만 동물은 짝짓기 선택권이 암컷에게 있어서 수컷이 더 멋지게 꾸미고 있는 경우가 많아.

그렇다면 우리 인간은 어떨까? 자연 상태의 인간은 동물 가운데 가장 볼품없는 모습이야. 새처럼 멋진 깃털을 가진 것도 아니고, 담비처럼 반지르르한 털이 있는 것도 아니고, 물고기처럼 반짝이는 비늘을 가진 것도 아니고, 그저 매끈한 피부의 알몸뿐이거든. 동물이나 식물은 타고난 꾸밈새가 있지만 인간은 아무것도 타고난 게 없어. 그래서 더욱 적극적으로 자신을 꾸미고 가꾸어야 하는 거지.

인간은 사회적 동물이라 다른 동식물의 멋 내기와는 다른 특성을 가지고 있어. 가령 어떤 인간이 산속이나 외딴섬에 고립된 채 평생을 살아간다고 생각해 봐. 그는 아마도 자연 상태의 동물이나 별다를 게 없는 모습으로 살아갈 거야. 실제로 인도에서 발견된 두 늑대 소녀 이야기를 보면 알 수 있어.

인간의 멋 내기는 사회 활동과 깊이 연관되어 있지. 즉 자기 자신만을 위해서가 아니라 어떤 목적을 가지고 꾸미는 경우가 많다는 거야.

인간이 자신을 꾸미는 이유는 여러 가지가 있는데, 첫 번째는 생존을 위해서야. 인간은 맨살의 피부를 가지고 있기 때문에 자연환경의 변화에 취약해. 추위와 더위를 이기고, 다른 동물이나 벌레의 공격으로부터 자신을 방어하기 위해서는 맨살을 가릴 필요가 있지.

두 번째는 이성의 짝을 찾기 위해서야. 더 좋은 상대를 만나기 위해 자신의 매력을 뽐내는 거지. 더 예쁘게, 더 화려하게, 더 멋지게 꾸며야 이성의 마음을 사로잡을 수 있거든.

세 번째는 다른 종족과의 경쟁에서 살아남기 위해서야. 다른 종족과 싸움이 벌어졌을 때 자신의 힘을 과시하고 겁을 주기 위해서는 되도록 사납고 무섭게 치장을 할 필요가 있었어.

네 번째는 집단 내에서 자신의 신분과 지위를 나타내기 위해서야. 서열이 높을수록 더 멋지고 화려하게 치장을 해서 위엄을 과시했지. 원시 부족의 추장과 일반 부족원의 꾸밈새는 같을 수 없었어.

이외에도 다양한 이유로 인간은 자신의 몸을 꾸며서 존재 가치를 높인단다.

2 멋 내기의 두 갈래

인간이 자신을 아름답게 꾸미는 데는 크게 두 가지 방식이 있어.

첫 번째 방법은 물리적 힘을 써서 타고난 신체 일부를 변형시키는 거야. 직접 몸 자체를 바꾸어 꾸미는 거지. 예를 들자면 얼굴이나 몸에 일부러 큰 상처를 내고 그곳이 아물면서 변화를 일으키도록 유도하는 거야. 상처의 흔적이 몸에 남아 장식이 되지. 왜 이렇게 했냐고?

오늘날 사람의 능력을 평가하는 기준은 많아. 학교에서 공부를 얼마나 잘하는지, 운동을 얼마나 잘하는지, 어떤 자동차를 타는지, 어떤 집에서 사는지, 어떤 직업을 가지고 있는지 등등. 하지만 원시 수렵 시대에는 오직 육체적인 힘만이 강자를 가르는 기준이었지.

어떤 학자는 인류 최초의 치장은 핏자국이었다고 말하기도 해. 까마득한 인류의 조상들은 거친 자연의 질서 속에서 서로가 먹고 먹히는 치열한 삶을 살아야 했지. 냉혹한 경쟁에서 싸움이 치열할수록 강자는 몸이 피로 얼룩졌을 거야. 핏자국은 싸움에서 이긴 사람의 힘과 용기를 나타내는 증거였어. 사람들은 피로 범벅이 된 강자를 우러러봤을 거야.

하지만 핏자국은 오래 남지 않아. 땀이나 비에 씻겨 없어지니까. 다만 심한 상처가 있었다면 그 자리에 큰 흉터가 남았을 거야. 그것은 오래도록 강자의

용맹함을 보여 주는 증거물이었지. 이런 이유로 강자가 되고 싶은 사람들은 꼭 사냥이나 전투가 아니더라도 일부러 몸에 상처를 내고 흉터를 만들어 자신의 힘과 용기를 과시하려고 했어. 피부에 바늘로 상처를 내고 염료를 집어넣어 문양을 새기는 문신도 이런 데서 출발했을 거야.

물론 힘을 과시하기 위해서가 아니라 오직 치장을 위해 신체를 변형하는 경우도 있어. 오랜 시간 지속적인 자극과 힘을 가해 몸을 변형시키거나 치아, 손톱, 피부 등 신체의 일부분을 제거하는 방법, 또는 귀, 코, 입술 등에 구멍을 뚫는 것이지. 이런 신체 변형은 아직도 원시적인 생활을 이어 가는 일부 지역의 원주민들에게서 쉽게 볼 수 있어. 사실 오늘날 성행하는 성형 수술도 신체를 변형해 치장을 하는 방법인 셈이지.

두 번째 방법은 신체에 직접 장식하는 게 아니라 몸에 무언가를 걸치고 첨가하여 멋을 내는 거야. 가장 대표적인 것이 옷과 화장이야. 옷은 동물의 털이나 가죽, 혹은 식물 섬유를 이용해 몸을 감싸서 치장하고, 화장은 진흙, 동물의

피, 혹은 자연에서 추출한 갖가지 안료로 얼굴이나 피부를 꾸미는 것이지.

그 외에도 동물의 뼈, 이빨, 깃털, 뿔, 조개껍질, 꽃 등을 목에 걸거나 머리에 꽂는 방법이 있고, 금, 은, 진주, 옥 같은 보석으로 몸을 아름답게 장식하는 방법도 있어. 지금부터 알아볼 인간의 멋 내기 역사는 바로 이 두 번째 방법이 주를 이루고 있단다.

멋쟁이를 위한 위대한 발명품, 바늘

인간이 처음 옷을 입기 시작한 것은 멋을 낸다기보다는 생존을 위해서였어. 추위나 더위, 벌레의 습격을 피하기 위해 맨살을 가릴 필요가 있었거든. 원시인의 눈에 띈 가장 좋은 재료는 짐승을 사냥해 고기를 먹은 다음에 남은 가죽이었지.

하지만 동물의 가죽을 그대로 몸에 걸치는 것은 몹시 불편하고 거추장스러웠어. 토끼, 사슴, 곰 등 여러 짐승들과 인간의 몸은 생김새가 달랐기 때문이야. 가죽을 잘라서 어떻게든 이어 붙여야 했지. 그래서 탄생한 것이 바늘이야. 바늘의 발명은 인류 역사상 가장 위대한 기술적 진보 중 하나야. 패션사에 가히 혁명적이라 할 만큼 중요한 의미가 있지.

물론 당시의 바늘은 지금과 같은 쇠바늘이 아니었어. 구석기 시대 동굴 속에서 발견된 것은 매머드의 엄니, 순록의 뼈, 바다코끼리의 이빨 등으로 만들어진 거였지. 이런 바늘을 이용해 가죽을 꿰매어 옷을 해 입은 덕분에 인간은 추위를 피하고 새로운 멋을 창조할 수 있었던 거란다.

3 비너스가 뭐 저래!

멋과 유행은 바람 같은 거라고 할 수 있어. 무슨 말이냐고? 마치 바람처럼 있다가도 없고, 없다가도 있는 것이라는 뜻이야. 어느 시대 어느 지역에서는 멋이라고 크게 유행하지만 다른 시대 다른 지역에서는 비웃음거리가 될 수도 있어. 이와 관련해 『장자』라는 책에는 아주 재미난 일화가 있단다.

여기서 모장과 여희는 중국의 전설적인 미녀야. 모장은 춘추 시대 월나라 왕 구천이, 여희는 진나라 왕 헌공이 아끼고 사랑한 여인이었대. 보는 사람마다 미인이라고 침이 마르도록 칭송했다고 하니, 요즘 말로 하면 여신급 미모였던 모양이야. 두 여인이 오늘날 연예인이 되어 다시 나타난다면 우르르 몰려가 사인을 받고 인증샷을 찍느라 북새통을 이루겠지.

하지만 이건 어디까지나 인간 세계의 이야기일 뿐이야. 동물들은 다르지. 물고기는 숨고, 새는 날아가고, 사슴은 후다닥 도망쳐 버리고 말거든. 아름답거나 추하게 여기는 기준이 이처럼 달라질 수 있음을 비유적으로 깨우쳐 주는 이야기란다.

여기에 비춰 본다면 원시 시대 사람들과 지금의 미의식은 서로 다를 거야. 과연 당시에는 어떤 미의식이 있었을까? 또 어떤 멋이나 유행이 있었을까?

이 궁금증을 해결하기는 어려워. 너무 까마득한 옛날의 일이거든. 다만 유물

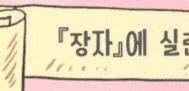

『장자』에 실린 아름다움에 관한 이야기

스승님께서는 세상 만물이 저마다 똑같은 가치를 지니고 있다는 걸 아십니까?

제자 설결

내가 그걸 어찌 안다고 말할 수 있겠나?

스승 왕예

그걸 어찌 모른다고 말할 수 있겠나?

그럼 모르신단 말씀입니까?

아는 것도 아니고 모르는 것도 아니면, 세상 만물의 이치는 알 수 없는 것입니까?

자네가 자꾸 물으니 이렇게 말해 보겠네. 모장과 여희가 절세미인이라는 걸 자네도 알고 있지?

그런데 말일세. 사람들은 하나같이 모장과 여희를 아름답다고 칭송하지만 물고기가 두 여자를 보면 물속 깊이 숨어 버리고, 새들은 저 멀리 하늘로 날아가 버리고, 사슴은 재빨리 숲으로 도망쳐 버린다네. 그렇다면 사람과 물고기와 새와 사슴 중에서 누가 세상의 아름다움을 제대로 봤다고 말할 수 있겠나?

을 통해 당시 인간들의 미의식을 추측할 수는 있지. 그 실마리가 되는 것이 바로 〈빌렌도르프의 비너스〉야.

그리스 로마 신화에서 비너스는 사랑과 아름다움의 여신이야. 비너스라고 하면 대부분 매끈한 몸매를 자랑하는 〈밀로의 비너스〉처럼 아리따운 모습을 떠올리곤 해. 하지만 〈빌렌도르프의 비너스〉는 이와는 전혀 다른 모습을 하고 있어. 26쪽에 〈밀로의 비너스〉 사진이 있으니 비교해 봐.

빌렌도르프는 유럽에 있는 오스트리아의 지역 이름이야. 거기서 철도 공사를 하다가 아주 오래된 조각상을 발견했는데 여성의 형상인 까닭에 '빌렌도르프의 비너스'란 이름이 붙었지. 한 손에 쥘 수 있을 만큼 아주 작은 크기에, 커다란 엉덩이와 풍만한 가슴 그리고 불룩한 배를 하고 있는 게 큰 특징이야. 얼굴은 눈, 코, 입의 형태가 뚜렷하지 않고, 땋은 머리 혹은 모자 같은 걸 두르고 있지.

이런 특이한 모습 때문에 갖가지 주장이 나오고 있어. 임신한 여성을 조각한 것이다, 부적처럼 몸에 지니고 다닌 물건이다, 당시 숭배하던 여신의 조각상이다, 등등. 어떤 추정이 옳은지는 알 수 없지만 한 가지 분명한 것은 원시 시대 사람들은 지금처럼 날씬한 여성이 아니라 이 조각상처럼 풍만한 모습의 여성을 아름다움의 본보기로 삼았다는 점이지. 힘든 농사와 집안일을 도울 자손을 많이 낳아야 했기 때문에 이런 여성이 선망의 대상이었던 거란다.

〈빌렌도르프의 비너스〉

양의 머리를 뒤집어쓰면 아름답다?

고대인의 미의식은 오늘날과는 많이 달랐어. 지금은 예쁘게 치장하고 꾸미는 것을 아름답다고 여기지만 옛날에는 생존에 유익한 것을 아름답게 여겼지. 예를 들어 한자로 아름다울 '미(美)'는 가축인 '양(羊)' 자 아래 크다는 뜻을 지닌 '대(大)' 자가 합쳐진 거야. 글자의 형태가 사람이 양을 머리에 이고 있는 모습이지. '대(大)' 자는 애초 사람(人)을 가리키는 글자였다고 해. 그러면 무슨 까닭으로 양과 사람이 합쳐져 미(美)란 글자가 탄생했을까? 원시 수렵 시대에 양은 중요한 사냥감이었어. 양의 고기와 젖은 사람의 배를 불려 주었고, 양의 가죽은 추위를 막는 데 안성맞춤이었지. 원시인들은 양이나 다른 들짐승을 사냥하기 위해 기막힌 방법을 생각해 냈어. 양의 머리를 뒤집어쓰거나 양가죽을 몸에 걸쳐 양으로 위장한 거야. 그런 다음 들판으로 살금살금 나가면 사냥하기가 훨씬 쉬웠지. 추장이나 제사장이 종교 의식을 할 때에도 양의 머리나 뿔을 머리에 씀으로써 신비함과 권위를 나타냈다고 해.

이처럼 먹거리를 사냥하거나 중요한 의식을 위해 양의 머리를 쓰거나 뿔을 장식하는 것을 당시 사람들은 아름답게 여겼단다.

4 외계인 같은 짱구 머리와 까까머리

머리 모양은 사람마다 모두 달라. 머리 앞이나 뒤가 튀어나와 짱구가 된 사람도 있고, 아기 때 잘못된 수면 습관 때문에 머리 한쪽이 평평하게 된 경우도 있어. 이것을 방지하기 위해 아기를 재울 때 조심하는 경우가 많아. 두상을 예쁘게 만들기 위해 반듯이 눕혀 재운다거나 엎드려 재우곤 하지.

그런데 고대에는 이런 정도에 그치지 않았어. 아주 극단적으로 머리 모양을 변형시켜 기형적이라고 생각할 정도로 짱구 머리를 만들었거든. 이런 걸 '편두'라고 해. 머리 뒤통수 쪽으로 길게 튀어나와서 얼핏 보면 외계인 같은 형상이란다.

이런 편두 풍습은 우리나라 고대 국가인 신라와 가야를 비롯하여 아시아, 유럽, 아프리카, 아메리카 등 세계 전 지역에 널리 퍼져 있었는데, 가장 유명한 곳은 고대 이집트 문명이야.

이집트의 전설적인 미녀 네페르티티 왕비의 두상을 보면 편두의 형태를 잘 볼 수 있어. 얼마나 미인이었는지는 알 수 없지만 네페르티티라는 이름은 '아름다운 미녀가 왔다'는 뜻이래. 박물관에 있는 조각상을 보면 전체적으로 눈, 코, 귀, 입의 윤곽이 반듯하고 뚜렷해 미인이라 불러도 손색이 없는 외모야. 그런데 머리를 보면 아주 특이해. 45도 각도로 비스듬히 위로 솟구친 모습이야.

공상 과학 소설에나 나올 법한 형상이지. 유에프오(UFO)를 타고 먼 외계의 행성에서 온 사람이라 해도 믿을 것 같지 않니?

네페르티티 왕비의 두상

이런 머리 모양은 저절로 된 것이 아니야. 어린 아기의 머리뼈는 물렁한데, 이때 납작한 돌이나 판자로 머리를 눌러 이마와 뒷머리를 평평하게 하는 대신 정수리를 봉긋 솟아오르게 만드는 거야. 왜 이렇게 했냐고? 이유는 정확히 밝혀지지 않았어. 왕과 귀족층이 신분을 구별하기 위해서 이런 머리 모양을 했다는 주장도 있고, 전투를 할 때 화살의 표적이 되는 얼굴 정면의 크기를 작게 하기 위해서 이렇게 했다는 이야기도 있어.

가장 설득력 있는 주장은 따로 있어. 고대인들은 하늘을 나는 새를 신성하게 여겼어. 땅과 하늘을 이어 주는 매개자 역할을 하는 존재이기 때문이지. 이런 새의 형상을 닮고 싶어서 편두를 했다는 주장이야. 실제로 편두를 하면 상대적으로 코와 입이 앞으로 튀어나오고 정수리는 비스듬히 솟아올라 새 머리와 같은 형상이 되거든. 물론 이건 어디까지나 추정일 뿐이고 확실한 이유는 여전히 수수께끼로 남아 있단다.

까까머리와 가짜 수염

머리 이야기가 나온 김에 한 가지 더 짚어 볼까? 네페르티티 왕비의 두상을 보면 머리카락이 없는 까까머리야. 고대 이집트인들은 몸의 털을 혐오했는지 아니면 위생 관념이 철저했는지 모르지만 고통을 참아 가며 머리카락을 모두 뽑거나 빡빡 밀어 버렸어. 그 대신 머리에는 가발과 같은 쓰개를 썼지.

투탕카멘 왕의 황금 가면

가발의 재료는 사람의 머리카락뿐 아니라 말총, 비단, 양털, 식물에서 뽑은 실 등 아주 다양했어. 이런 가발은 사막의 뜨거운 태양으로부터 두피를 보호해 주고, 실내에서 벗으면 시원하게 지낼 수 있었어.

왕과 왕비는 권위를 나타내기 위해 가발 위에 코브라 뱀과 독수리 머리 모양의 왕관을 썼어. 특이한 것은 왕이 의식을 행할 때 위엄을 더하기 위해 턱에 가짜 수염을 달았다는 거야. 고대 이집트 왕의 무덤에서 발견된 황금 가면을 보면 턱 아래 크고 긴 수염 모형이 달려 있는데 이게 바로 가짜 수염이란다.

5 조각 미녀와 조각 미남

아름다움의 기준은 시대와 장소에 따라 달라. 어느 시대에는 풍성한 몸매를 좋아하는가 하면 다른 시대에는 바짝 마른 몸매를 부러워하기도 해. 창백하다 싶을 정도로 흰 피부를 바라는 경우도 있지만 태양 빛에 그을린 거무스름한 피부의 건강미를 더 좋아하는 경우도 있지. 어느 쪽을 선호하든지 간에, 또 그 대상이 남자이든 여자이든 간에 아름다움을 열망하는 것은 모두 똑같아.

앞에서 본 〈빌렌도르프의 비너스〉는 다소 풍퉁해 보이는 여성이 아름다움의 본보기였다는 걸 보여 주고 있어. 원시 시대에는 먹을 것이 늘 부족했기 때문에 잘 먹어 풍성한 몸매를 가진 여성이나 남성이 부러움의 대상이었을 거야. 풍퉁함을 부와 권력의 상징처럼 생각했을 테니까 말이야. 죽기 살기로 다이어트를 해서 살을 빼려는 오늘날과는 많이 다르지.

그렇다면 언제부터 미인을 가르는 기준이 이처럼 달라지기 시작했을까? 정확한 건 알 수 없어. 다만 인류 역사에서 균형 잡힌 인간의 몸매를 예술 작품으로 찬양하기 시작한 것은 고대 그리스 시대야. 우리는 흔히 잘생긴 남자나 여자를 보고 '조각처럼 생겼다'라는 말을 하곤 해. 여기서 조각은 고대 그리스 시대의 조각 작품을 염두에 둔 표현이야. 학교 미술 시간에 만나게 되는 데생용 조각상 역시 그리스 시대 것이지. 서양 미남과 미녀의 표준형이 그리스에서 나왔다고 해도 지나친 말이 아닐 거야.

대표적인 조각 작품을 예로 들어 볼까? 먼저 〈밀로의 비너스〉는 그리스 연안의 작은 섬 밀로스에서 발견되었기 때문에 붙은 이름이야. 여성미를 가장 아름답고 완벽하게 표현한 것으로 손꼽히는 작품이지.

이 조각상을 미인의 대표적인 모습으로 꼽는 데는 몇 가지 이유가 있어. 전체적인 신체 구조가 팔등신의 황금 비율을 갖추고 있을 뿐 아니라 몸의 뼈대와 근육도 완벽하게 조화를 이루고 있다고 해. 아울러 무게 중심을 한쪽 다리에 기울임으로써 몸의 형태가 S자 곡선을 이루는데 이 곡선이 인간의 신체를 가장 아름답게 표현한다는구나.

당시 많은 여성들이 이런 이상적인 몸매를 얻기 위해 아주 적은 양의 식사를 하면서 배고픔과 끊임없이 싸웠다고 해. 심지어 갓난아기 때 배내옷으로 꼭 감싸서 태어난 지 6개월이 될 때까지 팔다리를 움직이지 못하게 하였고, 사춘기 때에는 끈으로 딸의 몸통을 단단히 묶어

〈밀로의 비너스〉

내 몸매도 비너스 닮았나?

<원반 던지는 사람>

나도 <원반 던지는 사람>처럼 몸을 만들어 볼까?

허허히. 비슷하지?

호리호리한 몸매를 만들기 위해 안간힘을 썼어. 옛 여성들의 가혹한 노력이 안쓰럽게 보이기도 해. 그렇다면 남성들은 어땠을까?

<밀로의 비너스>가 여성들의 이상이었다면 <원반 던지는 사람>은 남성들의 이상인 셈이야. 이 작품은 그리스 아테네의 조각가 미론의 작품으로 알려져 있는데, 사실 그의 원래 작품은 사라지고 지금 남아 있는 작품은 로마 시대에 그의 작품을 그대로 본떠 만든 것이라고 해.

미론은 움직이는 사람의 운동감을 표현하는 데 탁월한 능력을 보였대. 작품을 보면 그의 솜씨를 짐작할 수 있을 거야. 격렬하게 움직이는 순간의 자세를 박진감 넘치게 잡아내고 있지. 그리고 남성의 신체를 완벽하고 아름답게 표현하고 있어.

원반던지기는 고대 올림픽 경기 종목의 하나였는데, 남자라면 저렇게 멋진 몸매를 만들어 참가하고 싶었을 거야. 당시 올림픽 경기는 지금과 달리 남자들만 참가할 수 있었고, 모두 벌거벗고 경기를 치렀기 때문에 몸매가 훤히 드러났지.

초창기의 올림픽은 오직 한 종목, 단거리 달리기만 하는 밋밋한 대회였는데 차츰 종목이 늘어나고 인기도 높아졌어. 올림픽에서 우승을 하는 것은 큰 영광이었기 때문에 경기는 아주 치열했다고 해.

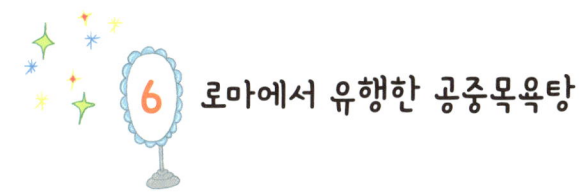

6 로마에서 유행한 공중목욕탕

고대 로마는 지금의 이탈리아 테베레강 주변에서 작은 도시 국가로 시작되었어. 이후 조금씩 세력을 키워 나가 유럽 전역은 물론이고 아시아, 아프리카에 이르는 거대한 영토를 차지한 대제국이 되었지.

로마가 이처럼 커 갈 수 있었던 가장 큰 이유는 뭘까? 정복 전쟁에 필요한 강력한 군사력이라고? 아니야. 그건 바로 다른 나라의 문화를 받아들여 자기 것으로 만드는 포용력 때문이었어.

이를테면 로마 신화는 그리스 신화와 다른 게 하나도 없어. 그리스 신화의 신들의 제왕 제우스는 로마 신화에서 주피터로, 미의 여신 아프로디테는 비너스로, 사랑의 신 에로스는 큐피드로, 술의 신 디오니소스는 바쿠스로 이름만 바뀐 정도지. 그리스 땅을 정복한 뒤 그 문화를 받아들여 로마의 것으로 만든 증거라고 보면 돼.

로마에서 크게 유행한 목욕 문화 역시 마찬가지야. 로마 시대의 공중목욕탕은 역사적으로 유명하지만 처음부터 로마인이 목욕을 즐긴 건 아니야. 몸이 더러워지면 그냥 씻는 정도에 불과했지. 심지어 신체를 나약하게 만든다는 생각 때문에 전사들이나 육체 노동자들은 목욕을 극도로 꺼렸다고 해.

그러다가 로마가 점차 세력을 넓히는 과정에서 그리스의 문화를 받아들이면

서 목욕 문화가 서서히 싹텄어. 그리스인들은 목욕을 하면서 몸뿐만 아니라 마음까지도 깨끗이 닦는다고 생각했지. 이런 문화가 전파되자 로마의 부유층들은 자기 집에 목욕 시설을 갖추기 시작했어. 이때까지만 해도 목욕탕은 부유층의 사치에 불과했지. 하지만 로마에 대규모 수로 시설이 완공되고 귀한 물을 펑펑 쓸 수 있게 되자 사정이 달라졌어. 누구나 목욕을 즐길 수 있는 공중목욕탕이 폭발적인 인기를 누리게 되었단다.

로마의 목욕탕은 사치스럽기로 유명하지만 처음부터 그랬던 건 아니야. 추

기에는 열기를 이용한 사우나 시설과 온탕, 그리고 찬물이 담긴 수영장 정도가 전부였어. 그런데 로마의 국력이 나날이 커지자 시민들은 쾌적한 생활과 아름다움을 추구하는 데 더 많은 관심을 기울이게 되었지.

이런 사회 분위기에 이끌려 로마의 정치인들은 대중의 인기를 얻기 위해 공중목욕탕을 더 크고 화려하게 짓기 시작했어. 당시 로마의 황제 자리는 아버지에서 아들로 넘어가는 게 아니라 대중이 환호하는 정치인에게 넘어가는 게 보통이었거든. 이에 따라 목욕탕에는 최고급 자재가 사용됐고 시설 곳곳에는 화려한 모자이크로 아름답게 장식했지. 그 규모 또한 어마어마해서 유명한 카라칼라 목욕탕은 1,600명을 너끈히 수용할 수 있었대. 이곳은 여러 건물로 이루어진 대규모 목욕 단지였어. 가운데 주 건물의 크기만 해도 지금의 축구장 두 배 정도에 이르렀다니 지금은 상상하기도 어려울 정도야.

당시 로마인에게 목욕은 하루 중 특히 오후의 가장 중요한 일과로 꼽혔어. 공중목욕탕은 몸을 청결히 하는 곳일 뿐 아니라 사람들끼리 소문을 주고받거나 사업에 필요한 인맥을 쌓는 사교의 장이었어. 목욕 시설 외에도 체육 시설, 음식점, 술집, 정원, 도서실, 연회실 등 온갖 시설이 갖추어져 식사와 음주를 곁들이며 시간을 보낼 수 있는 종합적인 오락 문화 공간이었던 거야.

목욕탕의 공간은 남녀 구분이 있었지만 잘 지켜지지 않았대. 황제가 포고령까지 내렸지만 별 효과가 없었던 모양이야. 로마 시민들은 남녀가 함께 모이는 쾌락 문화에 점점 젖어들었고, 황제들은 시민들의 인기를 얻기 위해 더 크고 웅장한 목욕탕을 지었지. 한창때에는 로마에 무려 900개가 넘는 공중목욕탕이 있었다는구나.

로마 시민들은 향락적인 생활로 나날이 피폐해졌어. 당시의 철학자 세네카는 이런 말을 남겼대.

"목욕과 포도주와 비너스가 우리를 타락시키고 있다. 그러나 목욕과 포도주와 비너스가 우리의 삶이다."

이 말은 로마의 문화를 가장 잘 보여 주고 있어. 포도주로 상징되는 향락적인 생활, 미의 여신 비너스로 상징되는 무절제한 남녀 간의 애정 행위, 이 두 가지가 공중목욕탕을 중심으로 이루어졌어. 이런 이유로 훗날 로마 제국이 목욕탕 때문에 망했다는 말이 나오기도 했단다.

로마 목욕탕에서 목욕하는 방법

로마의 공중목욕탕에서 목욕하는 방법은 지금과는 완전 달랐어. 공간이 여러 개로 나뉘어 있었는데, 그 순서가 수학 공식처럼 아주 복잡하니까 마음 단단히 먹고 들어가 봐.

1. **아포디테리움**: 여기서 옷을 갈아입어. 노예들이 옷을 맡고 귀중품을 관리했겠지.
2. **테피다리움**: 뜨거운 온탕에 들어가기 전에 미지근한 물로 몸의 온도를 서서히 높이는 곳이야.
3. **칼다리움**: 여기가 진짜 목욕하는 목욕실이야. 테피다리움보다 더운 물이 가득한 욕조가 있고 사람들은 이곳에서 본격적으로 몸을 따뜻하게 데웠지.
4. **라코니쿰**: 아주 뜨거운 열기가 가득한 욕실이야. 한증막 같은 곳이지.
5. **프레지다리움**: 여기는 냉탕이야. 너무 열이 나니 몸을 식혀야겠지. 냉온욕을 할 경우 칼다리움의 열탕과 프레지다리움의 냉탕을 번갈아 드나들면 되는 거지.
6. **운치오니움**: 목욕 후에 휴식을 취하는 곳이야. 몸에 오일을 발라 피부가 건조해지는 것을 막고 각종 향수로 멋을 내기도 했어. 이후 매점에서 음식을 사 먹거나 도서관에서 책을 빌려 보고, 산책을 즐겼단다.

이 밖에 로마의 공중목욕탕에는 '팔레스트라', '라트리나', '나타티오'라는 공간도 있었다고 해.

ㄱ 남자의 귀걸이는 무죄

귀걸이는 얼굴을 꾸미는 가장 대표적인 장신구 중 하나야. 여성이 주로 착용하는데, 요즘에는 남자 연예인이나 예술가 들이 종종 귀걸이를 해서 사람들의 시선을 끌곤 하지.

옛날에는 어땠을까? 까마득한 원시 시대에는 남녀 구분 없이 귀걸이를 장식품으로 활용했을 것으로 추측하고 있어. 현재까지 남아 있는 원시 부족들 역시 여성이나 남성이나 할 것 없이 귀걸이 장식을 하고 있거든.

귀걸이에 대한 가장 오래된 기록은 성경에서 확인할 수 있어. 「창세기」를 보면, 야곱이 베델이란 곳으로 옮겨 갈 때 자신이 거느린 모든 사람에게 "너희가 지닌 모든 우상을 버리고 몸을 깨끗이 하라!"고 하자, 그들이 가지고 있던 우상과 귀걸이를 바쳤다고 나와 있어. 또 「출애굽기」에는 사내종이 자신의 주인에게 복종하겠다는 증거를 보이기 위해 송곳으로 귓불을 뚫었다고 되어 있지. 사내종이 귀걸이를 했다는 것을 보여 주고 있어.

남성이 귀걸이를 했다는 것은 역사적 사실을 봐도 알 수 있어. 고대 이집트의 왕 투탕카멘의 귓불이 뚫려 있다거나 고대 페르시아 제국의 궁전에 귀걸이를 한 병사의 모습이 조각되어 있는 게 그 증거지. 네덜란드의 화가 렘브란트의 초상화나 영국의 뛰어난 작가 셰익스피어의 초상화를 봐도 귀걸이를 한 모습이 뚜렷해.

하지만 서양에서 남자가 귀걸이를 하는 게 그리 흔하지는 않았어. 귀걸이는 주로 여성이 치장하는 장신구로 여겨졌지. 양쪽 귀에 한 쌍을 다는 것이 일반적이지만 르네상스와 바로크 시대에는 한쪽 귀에만 다는 게 유행하기도 했다는구나.

그렇다면 동양의 경우는 어떨까? 중국의 한족이나 일본에서는 남성은 귀걸이를 하지 않았어. 반면에 몽골족이나 여진족 같은 북방의 유목 민족, 그리고 우리나라는 남성이 귀걸이를 하는 전통이 뿌리 깊었지.

존 테일러, 〈셰익스피어 초상화〉

특히 우리나라는 오랜 옛날부터 남성도 귀걸이를 했는데 유물로 확인되는 것은 삼국 시대부터야. 이 시대에 들어서면 귀걸이가 권력과 지위를 나타내는 장신구 역할을 하게 돼. 고분에서 발굴된 유물을 보면 신라 지배층 남성이 금은으로 만든 화려한 귀걸이를 했다는 것을 알 수 있어. 특히 화랑으로 뽑힌 청년은 멋진 귀걸이를 하고 얼굴에 화장까지 했다는구나. 이렇게 치장한 것은 단지 아름답게 보이기 위해서가 아니야. 우두머리로서 위엄을 보이고 자신의 신분을 과시했던 것이지.

이런 전통은 조선 중기까지도 이어졌어. 임진왜란 당시 군인들이 공적을 부풀리기 위해 죽은 조선 사람에게 왜적의 옷을 입혀 속이는 일이 발생하자, 귀

걸이 구멍을 확인하여 조선 사람과 진짜 왜적을 구별해 냈다는구나.

하지만 조선에서 남자가 귀걸이를 한 모습은 순식간에 사라져 버렸어. 그 이유는 뭘까?

1572년 중국 명나라의 사신이 와서 우리나라 사람들이 귀걸이를 하는 것에 대해 불평을 하자 선조 임금은 이런 명령을 내렸다고 해. "부모에게서 물려받은 몸을 소중히 여기는 것이 효도의 시작이다. 조선의 크고 작은 사내아이들이 귀를 뚫고 귀걸이를 달아 중국인들에게 오랑캐라고 놀림을 받으니 부끄러운 일이다. 이후로는 오랑캐의 풍속을 고치도록 하라!"

효도의 시작은 뭐고, 오랑캐의 풍속은 또 뭐냐고? 사실 효도를 들먹인 것은 핑계일 뿐 진짜 이유는 따로 있었어. 귀걸이를 만들 금과 은의 수입이 늘어나자 조선의 국가 경제가 큰 어려움에 빠졌지. 아울러 중국은 북방의 몽골족이나 여진족을 오랑캐라 부르며 야만시했는데, 이들은 귀걸이를 하는 풍속이 있었어. 당시 여진족이 세운 청나라의 세력이 커져 중국을 위협하자, 동맹국인 조선에게 오랑캐의 풍속을 가지고 있다며 불만을 터뜨린 거지.

이후 명나라가 망하고 청나라가 들어서자 조선의 분위기는 달라졌어. 지배층인 유학자들이 청나라를 오랑캐인 여진족이 세웠다 하여 배척하고 명나라의 전통을 이어받으면서 남자들의 귀걸이 풍속은 점차 사라지고 만 거란다.

재앙을 미리 막는 액막이

귀걸이는 귀고리라고도 하는데, 원시 시대나 고대 사회에서 귀를 뚫어 고리를 끼운다는 것은 장식보다 주술적인 의미가 강했어. 주술이란 어떤 소망을 이루기 위해 하는 행위를 말해. 즉 자신이나 부족에게 닥칠 나쁜 일이나 재앙을 막기 위한 수단으로 귀에 고리를 했던 거지. 당시에는 액막이용으로 신체를 변형하는 일이 종종 있었거든.

예를 들어 서양의 뱃사람들은 물에 빠져 죽지 않게 하는 액막이로 귀걸이를 달았다고 해. 만약 바다에 빠져 죽을 경우 누군가 해변에서 시체를 발견하면 장례를 치르는 비용으로써 달라는 뜻으로 금귀걸이를 했다는 이야기도 있지.

또 서양에서는 귀걸이를 하면 시력이 회복된다는 믿음이 있었어. 정말 그런지는 과학적으로 증명되지 않았지. 그렇다고 당시 사람들의 이런 믿음이 황당한 것만은 아니야. 사실 요즘도 귀를 뚫으면 관절염에 좋고 혈액 순환에 도움이 된다는 속설이 나돌고 있으니까 말이야.

8 동서양을 잇는 다리가 된 비단

인간이 몸을 꾸미는 데 가장 기본이 되는 것은 옷이야. 옷감의 재료는 다양해. 양털이나 야크 같은 동물의 털, 목화에서 뽑아낸 솜, 누에고치에서 뽑은 명주실로 만든 비단, 식물에서 추출한 섬유인 삼베나 모시 등등. 이 가운데 옛날에 가장 귀한 대접을 받았던 것은 바로 비단이야. 고급 옷감인 비단은 어떻게 사용하기 시작했을까?

비단이 장사 왕서방　　명월이한테 반해서
비단이 팔아 모은 돈　　통통 털어서 다 줬소
띵호와 띵호와　　　　　돈이가 없어도 띵호와

일제 강점기에 발표된 〈왕서방 연서〉라는 노래의 첫 부분이야. 이 노래에서 보듯이 비단은 중국 상인을 떠올리는 대표 상품이란다. 실제로 비단을 처음 만들기 시작한 나라는 중국인데 이에 관한 재미난 전설이 있어.

기원전 3000년 무렵, 중국에 '황제'라는 전설적인 임금이 있었어. 그의 왕비 누조가 어느 날 정원의 뽕나무 아래에서 차를 마시고 있을 때였어. 찻잔 속으로 뭔가 툭 떨어졌지. 생땅콩 모양의 벌레집이었어. 찻잔에서 이를 건져 내던 누조는 가는 실이 나오는 것을 발견했어. 벌레집은 딱딱한 껍질이 아닌, 가는 섬유질로 둘러싸여 있었는데 잠깐 뜨거운 찻물에 담긴 사이 부드러워졌던 거야.

누조는 누에고치에서 실을 뽑아낼 수 있다는 것을 알고, 그것을 엮어서 천을 지었어. 아주 부드럽고 광택이 나며 촉감도 좋았지. 이때부터 임금의 도움을 받아 뽕나무를 심고 누에를 길러 비단을 만들기 시작했어. 그래서 누조는 비단의 신으로 추앙받게 된 거란다.

그런데 이건 설화일 뿐 실제로는 기원전 5000년 이전부터 이미 누에치기가 시작된 걸로 보고 있어. 아주 귀한 천이라 초기에는 황제나 귀족, 고위 관료들만 사용할 수 있었지. 비단의 인기가 치솟자 주변 나라들이 교역품으로 비단을 원했어.

서방 세계도 다르지 않았지. 황금보다 귀한 비단을 찾는 사람들이 많아 그리스, 로마, 페르시아, 아라비아 등 서방 세계를 잇는 길고 험난한 교역로가 만들어졌는데 이걸 '비단길'이라 불러. 이 길을 통해 비단뿐 아니라 다양한 문화도 함께 전파되었지.

누에치기는 양잠이라고도 하는데, 중국은 이 양잠 비법을 철저히 비밀에 부쳤어. 비단이 큰 수익을 가져다주었기 때문에 양잠 기술이 외부로 새어 나가는 것을 막았고 이를 어기는 자는 사형에 처했지. 그러나 세상에 영원한 비밀이란 없는 법이야. 누에고치나 애벌레 알을 몰래 가지고 나가는 것은 벌할 수 있었지만 기술을 가진 사람이 외부로 나가는 것은 막을 수가 없었지. 그렇게 조금씩 외부로 알려졌는데, 한 중국 공주는 외교적 이유로 서부 지역 왕자와 정략결혼을 하게 되었을 때 올림머리 속에 누에의 알을 넣고 가는 데 성공했단다.

 이를 계기로 다른 아시아 지역과 페르시아에 양잠 비법이 전해지게 되었지.

 양잠 기술을 어렵게 얻은 나라에서는 이걸 또 비밀에 부쳤기 때문에 유럽에는 아주 늦게 전해졌어. 550년 로마의 유스티니아누스 대제 때 두 수도사가 중국으로 가서 지팡이에 몰래 누에알을 숨겨 오는 데 성공했어. 일종의 산업 스파이였던 셈인데, 이로써 그토록 갈망하던 양잠 기술을 비로소 얻게 되었지.

 비단이 귀한 대접을 받은 건 누에를 기르는 방법이 어렵기 때문이야. 누에는 뽕나무 잎을 먹고 자라는데 다 자란 뒤에는 실을 뽑아 집을 짓지. 이걸 누에고치라고 해. 이 실을 풀어 보면 자그마치 700미터 이상 될 정도로 길어. 이걸로 천을 짜면 비단이 되는 거야.

그런데 누에는 기르기가 몹시 까다로워. 소음을 싫어하고 병충해에 약하기 때문에 늘 조용하고 청결한 환경을 유지해야 해. 그렇지 않으면 죽고 말지. 그래서 비단을 얻기 위해서는 숙련된 기술이 필요한 거야.

20세기에 들어 이 누에를 대신할 다른 곤충이 뭐가 있을까 연구하던 사람들이 거미를 실험해 봤다고 해. 거미줄로 실을 짤 계획이었지. 문제는 거미는 한 방에 넣어 두면 서로 잡아먹는다는 거야. 누에를 대신할 만한 곤충은 아직까지 찾지 못한 상태란다.

비단으로 갑옷을 만든다?

비단은 가벼우면서도 질기고, 부드러우면서도 강한 특성이 있어. 그래서 쓰임새가 아주 다양했지. 옷감뿐 아니라 악기, 활시위, 낚싯줄, 종이 등으로 썼어.

비단은 값이 비싸 왕족이나 고위 관료, 부자들이 아니면 쓰기 어려웠지만 중세 시대에 전 세계를 휩쓴 몽골군은 달랐어. 몽골을 통일한 왕, 칭기즈 칸이 거느린 군대는 중국을 쑥대밭으로 만들고 약탈한 비단으로 군사들은 갑옷을 지어 입었어. 왜냐고? 이 갑옷이 전투에서 엄청난 힘을 발휘했거든.

비단 갑옷은 놀랄 만큼 질겼어. 화살이 날아와 살에 박혀도 잘 뚫리지 않았고, 살짝 잡아당기기만 하면 몸에 박힌 화살을 쉽게 빼낼 수 있었다고 해. 그렇잖아도 천하무적이었던 몽골군을 비단이 더욱 강하게 만들어 주었던 거란다.

멋과 유행은 지역이나 시대마다 너무도 달라.
유행이 되고 있는 곳에서는 그 자체가
멋일 수도 있지만 그렇지 않은 곳에서는
비웃음거리나 놀림의 대상이 될 수도 있지.
정말 엉뚱하고 해괴망측한 것들로
몸을 치장하는 경우가 종종 있거든.
하지만 이런 엉뚱한 멋과 유행이 없었다면
세상은 조금 지루한 곳이 되었을지도 몰라.
지금부터 어떤 재미있고 괴상한
멋 내기가 있었는지 한번 알아볼까?

1 미녀를 따라 얼굴 찡그리기

요즘 가수, 탤런트, 영화배우 같은 인기 연예인은 청소년의 우상이야. 그들이 입은 옷이나 몸에 걸친 장신구, 혹은 머리 스타일 등은 유행을 타기 십상이지. 멋지고 잘생긴 사람을 따라 하는 건 옛날에도 다르지 않았던 모양이야.

서시는 중국 역사를 뒤흔든 4대 미녀 중 하나야. 춘추 시대 월나라 출신으로 본래는 나무꾼 아버지와 베 짜던 어머니를 도와 '약야계'란 냇가에서 빨래하던 소녀였어. 그녀가 세상 밖으로 나온 것은 범려 때문이야.

범려는 월나라 왕 구천의 신하로서 원수지간이었던 오나라에 복수하기 위해 온갖 계략을 짜냈어. 오나라 왕 부차를 무너뜨리기 위해 미인계를 쓰기로 했는데 출중한 미모를 가진 서시가 그 적임자였지.

당시 범려는 서시와 깊은 사랑에 빠져 있었지만 나라를 위해 그녀를 부차왕에게 바칠 수밖에 없었어. 고국의 원수를 갚기 위해 눈물을 머금고 헤어져야 했으니 두 사람 모두에게 참으로 가혹한 운명이었지.

서시를 바친 효과는 즉시 나타났어. 그 전까지 아무리 미녀를 바쳐도 거들떠보지 않던 부차왕이 서시를 보자 한눈에 반해 버렸거든. 부차왕은 서시의 발걸음 소리도 듣기 좋았는지, 그녀를 위해 지어 준 궁 안에는 서시의 발소리를 듣는 '문공랑'이란 회랑까지 있었다고 해.

 그러나 서시는 왕비로서의 생활도 즐겁지 않은지 미간을 찌푸리고 있을 때가 많았어. 우수에 젖은 듯 눈썹을 찡그린 모습은 더욱 예쁘게 보였다고 해.

 그 모습을 본 오나라 궁궐의 여인들이 서시를 따라 하기 시작했어. 옛날 궁녀들은 죄다 예뻤을 거라고 생각하지만 천만의 말씀이야. 왕비의 외모를 돋보이게 하기 위해 일부러 못생긴 여인들도 많이 뽑았다고 해. 그런 궁녀들이 서시처럼 눈썹을 찌푸리면 예쁘게 보일 줄 알고 따라 했으니 보기 좋진 않았겠지?

 당시 서시의 흉내를 내던 동쪽 나라의 못난 여인들을 '동시'라고 했어. 오나라가 월나라의 동쪽에 있기도 했거니와 '서시'에 빗대어 부른 것이지. 그녀들이 무턱대고 서시가 찡그리는 모습을 따라 했다고 해서 '동시효빈'이란 고사성어까지 생겨났어. 덩달아 남을 모방하지만 결과적으로 웃음거리밖에 안 되는 경우를 비유하는 말이지. 사실 서시는 가슴앓잇병이 있어서 간혹 손으로 가슴을 지그시 누르며 얼굴을 찡그렸던 거란다.

훗날의 서시와 도주공 이야기

부차왕은 서시에게 빠져 국정을 게을리했고 결국 오나라는 월나라의 공격을 받아 완전히 망해 버렸어.

범려는 숙적 오나라가 망하고 부차왕이 자살하자 미련 없이 벼슬을 던졌어. 그리고는 한때 부차왕의 왕비였다가 이제는 과부가 된 미녀 서시와 함께 작은 배에 몸을 싣고 어느 섬으로 숨었지. 자신이 받들던 구천왕이 목적을 이룬 후에는 공신들을 제거할 것을 알고 미리 몸을 피한 거란다.

많은 세월이 지난 후, 산둥 지방에 '도주공'이라는 이름을 가진 큰 부자가 나타났어. 그의 아내는 꽃처럼 아름다웠고 부부 금슬도 아주 좋았지. 이 도주공이 바로 범려이고, 아내는 서시였어. 도주공은 전설적인 부자의 대명사로 우리 판소리 〈흥부가〉에도 나와. 흥부가 박을 타 부자가 되었을 때 도주공도 부럽지 않았다는 내용이 있단다.

중국 4대 미녀가 만든 재미난 고사성어

서시 서시의 아름다움을 극찬하는 표현으로 '침어(沈魚)'라는 말이 있어. 강물에 그녀의 모습이 비치자 물고기가 그 아름다움에 도취된 나머지 헤엄치는 것도 잊고 강바닥으로 가라앉았다고 해. 과장이 심하긴 하지만 서시의 미모가 그만큼 출중했다는 뜻으로 받아들일 수 있어. 한자로 '가라앉을 침(沈)', '물고기 어(魚)'를 써서 물고기가 가라앉았다는 뜻이야.

왕소군 한나라 시대 왕소군은 재주와 용모가 뛰어난 미인이었어. 당시 황제였던 한나라 원제는 북쪽의 흉노족과 화친을 맺기 위해 왕소군을 뽑아 보냈지. 길을 떠나는 도중 그녀는 멀리 날아가는 기러기를 보고 불현듯 고향 생각이 났어. 그 자리에서 악기를 꺼내 연주하자 그 소리를 들은 한 무리의 기러기가 날개 움직이는 것을 잊고 땅으로 떨어져 내렸다고 해. 이에 왕소군은 '낙안(落雁)'이라는 칭호를 얻었지. '떨어질 낙(落)', '기러기 안(雁)'을 써서 기러기가 떨어졌다는 뜻이야.

초선 초선은 유명한 『삼국지』에 나오는 인물로 한나라 말기의 대신이었던 왕윤의 수양딸이야. 용모가 아름다웠을 뿐 아니라 노래와 춤에도 능했지. 어느 날 저녁 화원에서 달을 보고 있을 때 구름 한 조각이 달을 가렸어. 왕윤이 이를 보고 "달도 내 딸에게는 비할 수가 없구나. 달이 부끄러워 구름 뒤로 숨었구나."라고 했대. 이때부터 초선의 미모를 '폐월(閉月)'이라 칭하게 되었어. 한자로 '가릴 폐(閉)', '달 월(月)'을 써서 달이 부끄러워 가린다는 뜻이야.

양귀비 당나라 시대 양귀비는 동양을 대표하는 미인의 대명사야. 황제인 현종의 눈에 들어 궁궐에 들어온 뒤 양귀비는 우울한 나날을 보냈어. 하루는 그녀가 화원에서 꽃을 감상하며 우울함을 달래다가 무심코 '함수화'라는 꽃을 건드렸어. 꽃은 그 순간 바로 잎을 말아 올렸지. 현종은 꽃조차 부끄럽게 만드는 아름다움이라며 찬탄했어.
이로 인해 '수화(羞花)'라는 호칭을 얻었지. '부끄러울 수(羞)', '꽃 화(花)'를 써서 꽃이 부끄러워한다는 뜻이야.

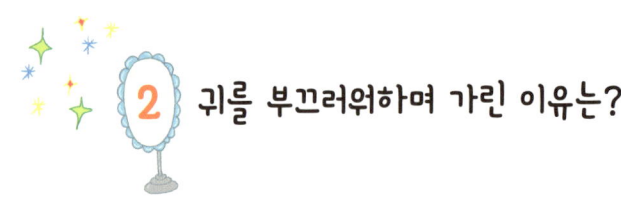
2 귀를 부끄러워하며 가린 이유는?

기독교가 처음 탄생했을 때는 엄청난 박해와 탄압을 받았어. 그러다가 313년 로마의 콘스탄티누스 대제가 기독교를 공식 인정한 이후 사정이 달라졌어. 대제국을 건설한 로마가 사방팔방으로 세력을 뻗어 나가자 기독교 또한 널리 퍼졌어. 기독교는 오직 하느님만을 믿는 유일신 사상이기 때문에 다른 종교는 발붙일 수도 없게 되었지.

그 결과 서양의 중세 시대에는 기독교가 온통 세상을 지배했어. 교회의 우두머리인 교황이 나라를 다스리는 황제보다 힘이 더 셀 때도 있을 정도였지. 당연히 기독교 사상은 정치, 사회, 문화뿐 아니라 몸치장에도 큰 영향을 미쳤단다.

기독교에서는 사람들에게 금욕주의적인 생활을 강요했어. 금욕주의는 인간의 육체적 욕망이나 본능을 악의 근원으로 보고, 최대한 그것을 억제해야 한다는 생각이야. 가톨릭 신부나 수녀가 평생 결혼을 하지 않는 것도 그런 이유지.

이에 따라 여성의 몸치장이나 화장도 최소한으로 했어. 그것이 지나치면 신에게 죄를 짓는 것으로 여겼거든. 인간의 몸 또한 신이 준 것이므로 가능한 소중히 다뤄야 했어. 그래서 머리와 얼굴을 덮어 가리는 다양한 머리 가리개가 유행하게 되었지.

그중 대표적인 것이 '윔플'이야. 천으로 된 가리개로, 당시 여성들이 머리와

얼굴을 가리기 위해 두르던 거야. 소녀들은 하지 않아도 되었지만 수녀나 미망인, 일반 여성들은 외출할 때나 종교적인 행사에 참석할 때 반드시 써야만 했지. 그 계기가 된 흥미로운 사건이 있단다.

서양의 화가들은 수태 고지를 소재로 많은 그림을 그렸어. 수태 고지는 신약 성서에 나오는 다음 장면을 이르는 말이야.

어느 날 천사 가브리엘이 성모 마리아를 찾아와 말했지.
"마리아여, 기뻐하라! 그대는 성령으로 잉태하여 아들을 낳을 것이니, 이름을 예수라 하여라. 그는 가장 높으신 하느님의 아들이라 불릴 것이니라!"

바르톨로메 무리요, <수태 고지>

수태 고지 그림에는 대부분 백합꽃이 빠지지 않고 그려져 있어. 이 꽃은 마리아의 순결을 상징한다고 해. 그런데 당시 사람들은 이 부분에 의문을 품었어. 교회에서는 늘 금욕주의를 강조하는데 성모 마리아는 도대체 남자를 가까이하지 않고 어떻게 성령으로 잉태했다는 것인지 확실치 않았거든. 이 알쏭달쏭한 기록에 대해 분명한 답을 내놓을 필요가 있었어. 그래서 15세기에 가톨릭교회는 성모 마리아가 귀를 통해 아기 예수를 잉태하였다고 공식 입장을 내놓았지.

이에 따라 여성들의 귀는 남들 앞에서 감추어야 하는 은밀한 부분이 되어 버렸고, 귀가 가려지도록 항상 윔플을 착용해야만 했어. 귀를 내놓는 것은 부끄러운 일이 된 거지. 귀가 가려지니 귀걸이 같은 장신구는 쓸데가 없어져서 이 무렵에 여성들이 귀걸이를 했다는 기록은 찾아볼 수 없어. 윔플은 이후 가톨릭교회의 전통으로 자리 잡아 오늘날까지도 수도원의 수녀들이 머리를 가리기 위해 사용하고 있단다. 오늘날 성당 미사 때 머리에 미사포를 쓰는 것도 아마 이런 전통에서 비롯된 게 아닐까 싶어.

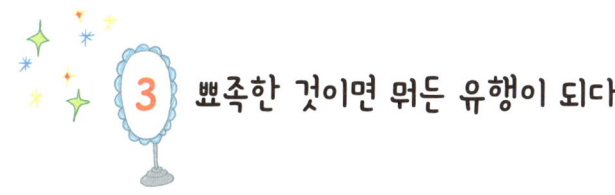

3 뾰족한 것이면 뭐든 유행이 되다

서양의 중세 시대를 뒤흔든 큰 전쟁이 있어. 바로 십자군 전쟁이야. 당시는 기독교 사상이 지배하던 때라 황제부터 하층민에 이르기까지 신앙심이 깊었어. 그런데 성지인 예루살렘이 이슬람 세력에 점령당하자 성지를 되찾겠다며 전쟁을 일으켰어. 전쟁은 금방 끝나지 않았지. 총 여덟 차례나 원정군을 파견하면서 200년 동안 지루한 싸움이 이어졌어.

전쟁이 끝나고 동방에서 아름다운 사원을 보고 돌아온 서유럽 사람들은 새로운 양식의 건축물을 짓기 시작했어. 가장 큰 특징은 하늘을 찌를 듯이 뾰족뾰족 치솟은 첨탑이야. 이런 걸 '고딕' 양식이라고 해. 왜 이런 양식이 생겨났을까?

기독교가 세상을 지배하던 시절, 사람들은 전지전능한 신이 하늘 높이 존재한다고 생각했어. 그곳에 있는 신에게 더 가까이 가고자 하는 열망이 뾰족뾰족한 첨탑 모양의 건축 양식으로 나타났다고 보면 될 거야. 건축에서 시작된 고딕 양식은 회화, 조각, 음악 등 예술 전반으로 퍼져 나갔어.

사람들의 차림새에도 건축물의 특징이 나타났지. 뾰족한 모자, 뾰족한 신발, 톱니 모양의 소매 끝 장식 등 머리부터 발끝까지 뾰족한 것이면 뭐든 유행이 된 거야.

먼저 '에냉'이란 모자부터 살펴볼까? 이 모자는 프랑스의 한 공작 부인이 맨

　처음 쓰기 시작했다는 이야기도 있고, 에냉이란 이름의 부인이 만들었다는 이야기도 있어. 어떤 게 정확한지는 알 수 없지만 이 모자의 인기는 100년 가까이 지속되었지.

　이 모자가 어떻게 생겼냐고? 쉽게 말해 고깔모자 같은 거야. 다만 크기와 모양, 높이가 고깔모자랑은 비교가 안 될 만큼 상상을 초월해. 단순한 원뿔 모양에서부터 끝의 뾰족한 부분을 자른 모양, 두 개로 갈라져 양의 뿔처럼 보이는 모양, 하트나 나비를 연상시키는 모양 등 형태가 다양했지.

　신분이 높을수록 크고 화려했는데 긴 것은 그 높이가 무려 1미터까지 이르렸대. 모자 끝에는 얇은 베일을 달아 치렁치렁 길게 늘어뜨렸어. 귀부인들이 다들 이렇게 다니다 보니 출입하는 데 큰 불편이 생겼지. 그래서 모자가 걸리지 않도록 건축물의 출입문을 다시 설계하는 일도 잦았다고 해. 신에게 가까이 다가가려는 노력도 좋지만 요즘의 눈으로 보면 꽤나 우스꽝스러운 모습이 아닐 수 없지.

그런데 더 기괴하고 우스꽝스러운 건 신발이야. 14세기 중반부터 신발 끝이 조금씩 길어지더니 나중에는 터무니없을 정도로 길어졌어. '크랙코우' 또는 '풀렌'이라 불리는 이 신발은 앞부리가 너무 길어서 걷기조차 힘들었지. 그러자 신발 끝에 사슬을 매달아 무릎에 걸고 다녔다고 해. 그래도 계단을 오를 때에는 끝이 걸리는 바람에 뒷걸음질을 해서 올라야 했단다.

신분이 높을수록 더 길고 뾰족했는데 서로 경쟁하듯 늘리다 보니 왕이나 귀족의 신발은 그 끝이 무려 60센티 이상 되는 것도 있었다는구나. 경쟁이 지나쳐서 나중에는 이를 규제하는 법까지 생겼어. 물론 앞부리를 길고 뾰족하게 하지 말라는 게 아니라 신분에 따라 길이를 제한한 거였지. 이를테면 왕은 발 길이의 두 배 반, 그 아래 신하는 두 배, 평민은 자기 발 길이만큼, 더 천한 사람은 발 길이의 반만큼…! 신분이 낮은 사람이 신분이 높은 사람보다 더 길게 하지 말라는 거였어.

지금도 그렇지만 옛날에 법이 잘 지켜졌을 리 만무해. 법을 어기면서까지 자기 멋을 찾는 멋쟁이들은 어느 시대에나 있는 법이니까. 요즘은 돈을 주고 이렇게 하라고 해도 고개를 절레절레 흔들 텐데 유행이란 참으로 알다가도 모를 일이야!

멋이냐 목숨이냐!

크랙코우의 유행은 전쟁에도 영향을 미쳤어. 14세기의 기사들은 끝이 뾰족한 이 신발을 갑옷의 일부로 신었지.

1386년 스위스와 오스트리아가 젬파흐 전투에서 맞붙었어. 수많은 오스트리아 기사들이 이 신발을 신고 전투에 참가했어. 전투에서는 몸이 날렵해야 목숨을 지키고 승리를 얻을 수 있지. 그런데 적과 싸우기 위해 말에서 내리자 뾰족한 신발이 큰 골칫거리가 되었어. 워낙 거추장스러워 걷기 힘들었을 뿐 아니라 날카로운 신발 끝에 서로 찔릴 위험도 있었지.

그래서 전투에 나서기 위해 신발 끝을 잘랐단다. 신발 끝을 자르지 않으면 자기 목이 잘릴 판이었으니까. 멋보다는 자기 목숨이 더 중요했던 거지.

4 모나리자 눈썹의 비밀

천재 화가 레오나르도 다 빈치는 여러 걸작을 남겼어. 그중에서도 〈모나리자〉는 첫손에 꼽힐 만한 작품이지. 〈모나리자〉는 워낙 유명한 그림이라 모르는 사람이 거의 없을 거야. 하지만 더욱 놀라운 건 이 작품에 대해 정확히 알려진 것 또한 아무것도 없다는 사실이지. 아직까지도 풀리지 않는 수수께끼를 많이 품고 있거든. 갖가지 의문투성이로 우리의 호기심을 자극하고 있어. 의문이 새로운 의문을 낳으면서 이 작품은 더욱 유명해지고 있단다.

레오나르도 다 빈치, 〈모나리자〉

　가장 널리 알려진 수수께끼는 모나리자의 눈썹이야. 사람이라면 당연히 있어야 할 눈썹이 〈모나리자〉에는 그려져 있질 않거든. 여기에 대해서는 온갖 추측이 난무하고 있어.

　첫 번째 추측은 모델의 주인공이 나병 환자라는 거야. 나병 환자는 몸의 일부가 훼손되거나 변형이 일어나기 때문에 눈썹이 다 빠져 버렸다는 말이지. 하지만 이건 말이 되질 않아. 다른 곳은 다 멀쩡한데 오직 눈썹만 빠졌다는 건 설득력이 없거든.

　두 번째로 이 작품이 미완성이라는 주장도 있어. 모델이 된 여인이 그림이 완성되기 전에 죽었기 때문에 눈썹을 미처 그리지 못했다는 거지. 하지만 아무리 봐도 이 작품이 미완성 같진 않아. 다른 곳은 다 완전하게 그렸는데 왜 하필 눈썹만 빠뜨리고 그렸겠니?

　세 번째로 원래는 눈썹이 있었는데 후세에 그림을 다시 손질하는 과정에서 실수로 지워 버렸다는 주장이야. 그림이 오래되면 색이 바래거나 변형이 일어날 수가 있어. 이를 복원하는 과정에서 실수로 눈썹을 빠뜨렸다는 거야. 이런 세계적인 명작을 복원하면서 어처구니없는 실수를 했다는 게 말이 돼?

　이외에도 여러 주장이 있으나 말만 무성할 뿐 어느 것이 맞는지는 누구도 알 수 없어. 다만 가장 설득력 있는 주장은 당시 미인의 기준이 지금과 달랐다는 거야.

　이 시대에는 핏기 하나 없어 보이는 창백한 피부를 가져야 미인 대접을 받았다고 해. 하얀 피부는 아름다움 그 자체이고 부의 상징이었지. 이에 따라 상류층 귀부인 사이에는 창백한 화장법이 크게 유행했어. 하얀 피부를 위해서 중금속인 수은이나 납 같은 성분을 넣은 화장품을 쓰기도 했지. 피부가 훼손될 위험이 컸지만 과학 지식이 부족하던 때라 별다른 생각 없이 그냥 사용한 거야.

　아무튼 이렇게 애써 연출한 하얀 얼굴을 사람들에게 자랑하고 싶었을 테지. 이마가 넓을수록 하얀 얼굴이 더 훤히 드러났을 거야. 그래서 이마의 잔털은 물론이고, 대머리에 가까울 만큼 앞 머리카락을 뽑았어. 그것도 모자라 눈썹의 털까지도 뽑아내는 게 널리 유행했대.

　〈모나리자〉의 주인공 역시 마찬가지였던 모양이야. 넓은 이마를 가진 여성

을 아름답게 여기던 시대였기 때문에 이런 유행에 따라 이마가 넓게 보이도록 눈썹을 뽑아 버린 거지. 이 시대에 미인을 그린 그림을 보면 〈모나리자〉처럼 대부분 눈썹이 없단다.

엘리자베스 1세의 영광과 비애

<엘리자베스 1세>

엘리자베스 1세 여왕은 영국 역사상 가장 뛰어난 왕 중의 하나야. 이렇게 위대한 여왕이지만 외모에 대해 남모를 고민이 있었어. 피부가 약간 거무스름했을 뿐 아니라 천연두에 걸려 죽을 뻔한 뒤 얼굴에 얽은 자국이 생긴 거야. 천연두를 앓고 나면 그런 흉터가 남거든.

이를 가리기 위해 납 성분이 함유된 화장 반죽을 얼굴에 아주 짙게 발랐어. 화장을 한 뒤에는 웃거나 입을 크게 벌리지도 못했대. 자칫하면 두꺼운 화장 반죽에 쩍쩍 금이 가기 때문이었지.

나중에는 납 중독에 걸려 피부가 퍼렇게 되었을 뿐 아니라 머리카락도 빠지고 이도 빠졌어. 이가 빠져 볼이 홀쭉해지자 이를 감추기 위해 솜뭉치를 입에 물었다고 해. 그래서 잘 웃지도 못했대. 깔깔대고 웃다가 입안의 솜뭉치가 밖으로 튀어나올 수도 있었으니까.

자신의 흉한 얼굴이 보기 싫어진 여왕은 궁 안의 모든 거울을 치우게 하고 머리에는 붉은색 가발을 썼어. 당시에는 여왕처럼 얼굴을 하얗게 하는 것이 유행처럼 번지면서 납 중독에 걸린 사람들이 수두룩했고 심한 경우 사망에 이르렀다는구나.

5 키 높이 신발은 언제부터 유행했나?

요즘 키 높이 신발이 유행이야. 본래 키가 작은 사람들의 자신감을 높여 주기 위해 나온 것이지만 누구든지 이 신발을 신으면 눈높이가 높아져. 그래서 평소보다 높은 각도에서 세상을 내려다볼 수 있고, 반대로 세상이 자신을 우러러보는 듯한 느낌을 가질 수 있지. 키 높이 신발이 다소 불편해도 절대 벗을 수 없는 이유이기도 해. 사실 키 높이 구두가 요즘에 와서 유행하게 된 건 아니야. 아주 오랜 역사를 가지고 있단다.

지금은 대부분의 도로가 포장이 되어 있어 깨끗하지만 옛날에는 그렇지 않았어. 길에는 사람뿐 아니라 말이나 소 같은 동물들이 수레를 끌고 다녔어. 이 때문에 길은 진흙으로 질펀하고 동물들이 배설한 똥오줌으로 더러워지기 일쑤였지. 이런 곳을 맨발로 다니는 것은 질병에 걸릴 위험이 높았어. 키 높이 신발은 발을 안전하게 보호할 수 있는 좋은 수단이었지.

제일 오래된 키 높이 신발은 그리스 시대의 극장에서 선보였다고 해. 물론 실생활에 사용된 신발은 아니었지. 연극에서 배역의 중요도에 따라 고귀한 신분일수록 굽이 높은 신발을 신어 키가 커 보이도록 했어. 위대한 신의 역할을 맡은 배우는 걸음이 뒤뚱거릴 정도로 높은 신발을 신었단다.

역사적으로 가장 유명한 키 높이 신발은 '초핀'이란 거야. 초핀은 물의 도시

베네치아에서 발달하기 시작했어. 이탈리아 북동부에 위치한 베네치아는 현재 200개가 넘는 운하가 거미줄처럼 연결되고 400여 개의 다리가 섬과 섬을 잇는 환상적인 물의 도시야. 마치 물 위에 떠 있는 도시 같은 아름다운 풍경을 자랑하고 있지.

하지만 물의 도시답게 베네치아는 늘 거리가 물기로 질퍽거려 불편했어. 귀부인들이 한껏 차려입고 나왔다가 긴 옷자락이 땅에 끌리기라도 하면 큰 낭패가 아닐 수 없었거든. 그래서 나온 신발이 초핀이야.

초핀은 원래 터키의 목욕탕에서 신던 신발에서 비롯되었대. 목욕탕은 늘 물에 젖어 미끄럽기 때문에 그 안을 돌아다닐 땐 굽이 높은 나막신을 신었지. 이것이 베네치아에서 패션 신발로 거듭난 거란다.

굽을 높이는 방법은 간단해. 신발 밑창에 두꺼운 코르크로 된 통굽을 덧대기만 하면 되거든. 코르크는 나무에 비해 무게가 가벼워 걸을 때 불편함이 적었지. 처음엔 진 땅을 피하기 위한 실용적인 목적이었으나 시간이 지날수록 굽이 점점 높아졌어. 초핀을 신으면 키가 높아져 자신이 돋보인다는 사실을 알게 되자 경쟁하듯 굽을 높인 거야. 20센티 정도는 기본이고, 나중에는 그 높이가 무려 50센티나 되는 것도 있었대.

이 정도 높이면 혼자서 신고 벗는 것은 물론이고 걸음을 걷기도 어려워. 뒤뚱뒤뚱 몇 발짝 걷지 못하고 쓰러지고 말 테니까. 귀부인이 이 신발을 신고 외출을 나설 때면 하인들이 항상 곁에서 부축을 해 주어야 했어. 키가 높아지는 이 마법의 신발은 이후 굽이 좀 낮아지긴 했지만 다른 유럽 지역으로 퍼져 나가 17세기까지 계속 유행했다는구나.

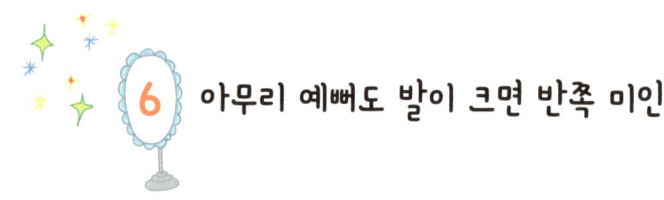

6 아무리 예뻐도 발이 크면 반쪽 미인

여성이라면 누구나 아름다운 외모를 갖고 싶어 해. 하지만 외모의 아름다움을 보는 기준이 시대나 장소에 따라 달라진다는 것은 익히 알려진 사실이야. 스스로 아름다워지기 위해서 하는 일이 남들 눈에는 그저 황당하기 짝이 없는 경우가 수도 없이 많아. 중국의 전족 풍습도 그중 하나야.

중국의 한족 여인들은 발을 아주 작게 만드는 풍습이 있었어. 기형처럼 보일 정도로 발이 작아야 미인으로 대접받았지. 이걸 '전족'이라 하는데 20세기 초까지도 이런 풍습이 남아 있었어. 1천 년간 지속된 이 풍습이 어떻게 처음 생겨났는지는 정확하지 않아. 여러 가지 이야기가 있는데 크게 두 가지로 정리할 수 있단다.

하나는 여자가 워낙 귀한 사회 풍토에서 생겨난 슬픈 풍속이라는 거야. 옛날에는 아주 어린 신부를 혼인도 하기 전에 돈을 주고 남편 될 사람의 집에 데려와 키워서 며느리로 삼곤 했어. 이걸 '민며느리제'라고 해. 그런데 비싼 돈을 주고 사 온 민며느리가 도망가면 안 되잖니? 그걸 방지하기 위해 발을 접어 넣듯 묶어서 아주 작게 만들었다고 해. 그러면 몸의 균형이 맞지 않아 뒤뚱거리며 잘 걷질 못하니 도망칠 엄두조차 내지 못하는 거지.

이것보다 더 설득력 있는 이야기가 있어. 전족은 9세기 당나라 시대에 궁중에서 춤을 추던 무희들에게서 비롯된 풍속이라는 거야. 당시 황제는 춤과 노래를 즐겼대. 황금빛으로 빛나는 연꽃 모양의 큰 무대를 만들고 그 위에서 무희들에게 춤을 추게 했어. 이때 무희들은 비단으로 발을 감싸고 사뿐사뿐 춤을 췄는데 그 모습이 너무나 아름다웠대.

 이후 궁 안의 여자들이 비단으로 발을 감싸기 시작하면서 전족 풍속이 생겨났다고 해. 전족을 흔히 '금련(金蓮)'이라 해서 연꽃에 비유하는 것은 이런 까닭이라는 거야. 하지만 발자국이 연꽃 모양이기 때문에 그렇게 부른다는 이야기도 있단다.

 어쨌든 상류층 부녀자들은 앞다퉈 전족을 모방했어. 이것이 다시 상류층을 동경하는 서민층 여자들에게 급속히 퍼져 나갔지. 아무리 집안이 가난해도 발 큰 여자를 들이는 것을 가문의 수치로 여기게 되었어. 그러니 좋은 곳으로 시집을 가기 위해서는 전족을 하지 않을 수 없었던 거야. 이로 인해 경쟁이 생겨

서로 발을 더 작게 하려고 했대.

그런데 연꽃 모양의 예쁜 전족을 하려면 끔찍할 정도로 큰 고통이 따른단다. 전족을 해 주는 사람은 대개 아이의 엄마였는데 나중에 아이가 좋은 신랑감을 만나기를 바라는 마음 때문이었지. 그 과정을 살펴보면 대여섯 살 된 여자아이의 엄지발가락을 제외하고 나머지 네 발가락을 발바닥 쪽으로 힘껏 구부려 밀착시키는데 이 과정에서 발등과 발가락뼈가 거의 부서진다고 해. 그런 다음 천으로 2년 정도 꽁꽁 싸매 두면 발가락이 오그라들어 자라질 않는대. 그래서 어른이 되어도 발 크기가 어린애처럼 아주 작은 거지. 이 과정이 어찌나 힘들었는지 '두 발에 눈물이 한 섬'이라는 말이 나올 정도였다는구나.

전족을 한 뒤에는 그냥 걷기가 힘들어 천으로 싸매고 다녔어. 이걸 과각포라 불렀는데 보통 흰색 천을 사용했지. 과각포는 함부로 남에게 보여서는 안 되는 것이었어. 중국에서 특히 여인이 맨발을 보인다는 것은 몸을 허락하는 것으로 보았거든. 그러니 전족은 오직 남편만이 볼 수 있었고, 발이 작고 예쁜 여인을 맞이한다는 것은 남성의 높은 지위와 신분을 상징했지.

전족을 했다고 해서 끝이 아니었어. 전족이 얼마나 잘되었는가에 따라서 평가를 했거든. 발끝이 뾰족하되 송곳 같으면 안 되고, 작고 날렵하면서도 빈약하지 않고 윤기가 흘러야 하며, 산처럼 솟되 부드러운 곡선이어야 하고, 향기롭고 단정하고 바른 모양이어야 했지.

올림픽에 금은동 메달이 있듯이 전족에도 금은동이 있었어. 발의 크기에 따라 등급을 매겼는데 9센티쯤 되는 가장 이상적인 전족을 '금련'이라 부르고, 그것을 넘으면 크기에 따라 은련, 동련, 철련이라 칭했지. 이런 등급에 따라 전족을 한 여성의 가치가 달라졌단다.

이런 가혹한 풍속은 아주 오래된 옛이야기가 아니야. 1930년대 초가 되어서야 전족이 완전히 자취를 감추게 되었으니 100년 전만 하더라도 이런 풍속이 남아 있었다는 거지.

전족이 중국 민족의 자존심이라고?

전족은 여성을 고통 속으로 몰아넣는 악습이야. 오늘날의 눈으로 보면 정말 어처구니가 없는 일이지. 당시 사람들이라고 이걸 몰랐을 리가 있겠어? 그런데도 이 풍습이 1천 년 가까이 지속된 데는 이유가 있단다.

전족은 중국 한족만의 풍습이야. 드넓은 중국 대륙은 오랜 세월 동안 한족이 지배했어. 고대의 주나라부터 시작해 진나라, 한나라, 당나라, 송나라, 명나라 등 왕조만 바뀌었을 뿐 한족이 지배권을 장악하고 있었지.

전족을 한 여인, 1870년대

그런데 17세기 무렵 오랑캐라 부르던 변방의 여진족이 청나라를 세우고 중국 대륙을 집어삼켰어. 한족 입장에서는 나라를 빼앗긴 격이지. 대륙을 차지한 청나라는 전족을 폐지하는 금지령을 내렸어. 그러나 한족 사이에는 오히려 이 풍습이 더 성행했다고 해.

왜 그랬냐고? 비록 오랑캐인 청나라에 나라는 빼앗겼지만 자신들의 고유문화인 전족을 지켜서 민족적 자존심을 지켜 나가겠다, 뭐 그런 심리였던 모양이야. 우리나라도 과거 일제 강점기에 머리카락을 자르라는 단발령이 내려졌을 때 전국에서 크게 반발했는데 그것과 비슷하다고 보면 될 거야. 나라를 빼앗긴 시대 상황과 맞물려 악습이 민족의 정체성을 이어 나가는 수단이 되었으니 참으로 기막힌 일이 아닐 수 없지.

임금이 나라를 다스리던 시대에는
지배 계층이 멋과 유행을 이끌었어. 왜냐고?
자신의 몸을 꾸미는 데는 상당한 시간과 노력이 필요해.
일반 백성은 하루 종일 뙤약볕 아래 일을 해야
먹고살았기 때문에 자신의 몸을 치장할 여유가 없었지.
머리를 화려하게 장식하고 우아한 드레스를 입고
일을 할 수는 없는 노릇이거든. 그런 멋은 오히려
일을 하는 데 거추장스럽고 불편하기만 했지.
왕이나 귀족처럼 부와 권력을 가진 자들은
자신을 과시하기 위해 멋을 부렸고, 이를 선망하는
사람들이 모방하면서 유행이 생겨났어.

제3장
멋과 유행을 이끈 왕과 귀족

1 빨간 구두를 신은 멋쟁이 신사

솔, 솔, 솔, 오솔길에 빨간 구두 아가씨~

똑, 똑, 똑, 구두 소리 어딜 가시나~

한 번쯤 뒤돌아볼 만도 한데~

발걸음만 하나둘 세며 가는지~

빨간 구두 아가씨 혼자서 가네~~

　　예전에 많이 불리던 유행가 가사 중 일부야. 이 가사를 보고 있노라면 빨간 구두를 신고 또각또각 걸어가는 멋쟁이 아가씨의 뒷모습이 머릿속에 그려질 거야. 아리따운 그 모습에 뭇 사내들은 마음이 설레었을 테지만 새침데기 아가씨는 눈길 한 번 주지 않고 도도하게 자기 길만 걸어갔던 거지.

　　빨간 구두에 긴 스타킹을 신고 각선미를 뽐내며 거리를 활보하는 모습. 멋쟁이 아가씨라면 누구나 한 번쯤 해 보고 싶은 패션이 아닐까 싶어. 그런데 놀라운 사실은 여성이 빨간 구두에 스타킹을 신게 된 것은 역사가 그리 오래되지 않았다는 거야. 놀랍게도 원래는 남성들이 하던 패션이었지.

　　어떤 친구들은 이런 의문을 가질 수도 있을 거야. 앞서 본 키 높이 신발 초핀은 여성들이 신은 것 아니냐고? 맞아. 그런데 키 높이 신발과 빨간 구두 같은 하이힐은 똑같이 키를 높여 주는 기능을 하지만 둘 사이에는 중요한 차이가 있어.

키 높이 신발은 말 그대로 작은 키를 높이는 게 목적이야. 다시 말해, 밑창을 높여서 다른 사람들의 눈을 속이는 거지. 그렇기 때문에 동네방네 키 높이 신발을 신었다고 자랑할 필요가 없어. 초핀 같은 키 높이 신발은 대개 여성들의 치마 속에 가려져 있었지. 당시 영국의 한 남성은 결혼 첫날밤에야 초핀을 신은 신부가 자기가 생각했던 것보다 키가 훨씬 작다는 걸 알고 혼인을 취소하는 일도 있었다고 해.

이에 반해 빨간 구두 같은 하이힐은 조금 달라. 키 높이 신발이 대부분 통굽

이아생트 리고, 〈루이 14세의 초상〉

으로 되어 있는 데 반해 하이힐은 신발의 앞코는 낮고 뒤축이 높이 솟은 형태야. 그것 자체가 패션이기 때문에 신발 위를 보석 등으로 예쁘게 장식하여 남들 앞에 당당하게 드러내고 다녔지. 신발이 더욱 돋보이도록 하기 위해서는 다리에 스타킹을 신어야 했어. 이런 패션이면 당연히 여자들도 했어야 마땅하지 않냐고? 그렇지 않아.

과거 서양의 여성들은 발목이 보이는 것을 수치스럽게 여겼어. 치렁치렁한 치마 속에 꼭꼭 감추고 다녔지. 발목이 조금이라도 보이면 하늘이 무너지는 줄 알았어. 그래서 당시 여성들은 남들에게 보여 줄 수도 없는 하이힐이나 스타킹에는 전혀 관심이 없었던 거야. 이 때문에 예쁜 장식을 단 하이힐에 스타킹을 신은 패션은 멋쟁이 신사들의 몫이었지. 이 시대 남성들이 즐겨 신은 하이힐을 보면 요란할 정도로 화려하단다.

태양왕으로 불리던 프랑스의 루이 14세 또한 하이힐을 즐겨 신은 것으로 유명해. 하이힐 가운데서도 빨간 구두를 유독 좋아했어. 〈루이 14세의 초상〉이라는 그림을 보면 그가 어떤 모습이었는지 알 수 있어. 루이 14세는 키가 160센티 정도밖에 되지 않았어. 허영심이 많았던 그는 작은 키를 보완하기 위해 머리 위와 발 아래를 동시에 높이는 방법을 썼어.

그림을 보면 머리가 지나치게 풍성해. 이건 '페리위그'라는 가발로 30센티나 위로 올라가기도 했대. 아래로는 10센티짜리 굽이 달린 하이힐을 신었어. 그림 속 신발을 봐. 발등의 리본과 뒷굽이 빨간색이야. 그의 사랑을 독차지한 이 신발을 '탈롱 루즈'라고 부르는데 프랑스어로 '붉은 뒷굽'이란 뜻이지. 탈롱 루즈 위에는 스타킹을 신어 늘씬한 다리가 잘 드러나 보여.

이 신발이 유행할 기세를 보이자 루이 14세는 급기야 1673년에 칙령을 발표했어. 오직 최상위 계층만이 탈롱 루즈를 신을 수 있다는 내용이었지. 여기에는 단서 조항도 붙었어. 최상위 계층만 신을 수 있지만 자신을 제외하고는 그 누구든 5인치(약 13센티) 이상의 굽을 금지한다는 내용이었지. 이후 100여 년간 빨간색 굽이 달린 구두는 왕이 처음 왕관을 쓰는 대관식 때 유럽 모든 왕족들이 즐겨 신었단다.

2 스타킹은 본래 남성들의 패션 용품이었다?

현재 우리가 몸에 걸치는 의상 가운데 가장 여성적인 패션 용품은 뭘까? 아마도 스타킹이 아닌가 싶어. 하지만 앞서 살펴본 대로 스타킹은 남성들이 전적으로 사용하던 물품이었지.

스타킹이 왜 남성들의 용품이 되었냐고? 여기에는 그럴 만한 이유가 있어. 본래 스타킹의 기원은 남성들이 다리에 착용하던 다리 덮개였어. 기원전 1세기 무렵 로마의 카이사르가 군대를 거느리고 북쪽의 갈리아 지역을 침략했을 때 숲의 가시와 추위로부터 군인들의 다리를 보호하기 위해 헝겊이나 가죽으로 된 덮개를 사용했다고 해.

또 4~5세기 무렵에는 로마 제국의 성직자들이 무릎 위까지 올라오는 하얀 스타킹을 신었대. 당시 교회의 모자이크에는 허벅지까지 올라오는 스타킹을 신은 로마 제국의 수도자와 신도가 그려져 있었다는구나.

중세 시대에는 전쟁에 나서는 기사들이 스타킹을 신었어. 당시의 갑옷은 철로 만든 제품이라 맨살에 입었다간 피부가 긁혀서 흉터가 생기기 때문에 다리를 보호할 필요가 있었어. 하지만 두꺼운 바지는 입을 수 없어서 얇은 천으로 만든 스타킹을 신은 거지. 싸움터에서 승리하고 돌아온 기사들은 갑옷을 벗고 자신의 튼실한 다리를 자랑스레 드러내지 않았을까? 얇은 천이 착 달라붙어

다리 근육이 선명히 보이는 스타킹은 아마도 자신의 용맹함과 남성다움을 과시하는 수단이 되었을 거야. 스타킹이 여성이 아닌 남성이 신는 패션 용품으로 자리 잡게 된 것은 이런 까닭이란다.

처음에 스타킹은 왕족이나 귀족 남성들의 사치품이라 아무나 신을 수가 없었어. 대개 값비싼 비단으로 만들었기 때문에 일반인은 꿈도 꿀 수 없는 명품

중의 명품이었지. 영국 왕 헨리 8세는 스타킹을 애용한 것으로 유명해.

1509년 헨리 8세가 왕비 캐서린과 결혼할 때 스페인 왕실에서 보낸 선물 중 하나는 바로 실크(비단) 재질의 스타킹이었어. 당시 스페인은 최고급 스타킹을 만들 수 있는 유일한 나라였기 때문에 유럽의 왕실에서는 너 나 할 것 없이 이 선물을 반겼지. 헨리 8세는 운동을 즐기는 편이라 근육이 잘 발달했어. 자신의 우람한 근육을 자랑스럽게 드러내기 위해 스타킹을 자주 신은 거지. 하지만 스타킹에 주름이 생기지 않도록 너무 꽉 끼게 입는 바람에 혈액 순환 장애로 훗날 질병까지 생겨 고생했다고 해.

귀족의 사치품이었던 스타킹은 1589년 영국의 발명가 윌리엄 리가 양말 짜는 기계를 발명하면서 널리 퍼지기 시작했어. 그는 자신이 사모하는 여자가 늘 뜨개질에만 몰두하는 것을 보고 그녀를 위해 이 기계를 만들어 냈다고 해. 하지만 당시 여왕이었던 엘리자베스 1세는 이 기계를 그다지 좋아하지 않아 특허를 내주지 않았대.

"이 기계가 나와서 대량으로 생산하면 손뜨개질로 먹고사는 사람들이 어려움을 겪을 것이니 특허를 허락할 수 없다!"

여왕은 표면적으로 이런 이유를 내세웠지만, 사실은 자신만이 입을 수 있었던 스타킹을 평민들까지 너도나도 입는 게 탐탁지 않았기 때문이야. 여왕은 1561년 처음으로 실로 짠 실크 스타킹을 선물받은 후 너무 좋아하여 죽을 때까지 실크 스타킹만을 신었다는구나.

결국 윌리엄 리는 기계를 가지고 프랑스로 망명하여 루앙 지역에 공장을 세우고 실크와 울(양털) 스타킹을 생산해 냈다고 해. 이후로 남성뿐만 아니라 상류층 여성을 중심으로 스타킹이 조금씩 퍼지기 시작했어. 스타킹이란 말이 생겨난 것도 이즈음이라고 해. 다리를 덮는다는 뜻의 '스토카(stocka)'라는 말이 바뀌어 스타킹이 되었다는구나.

나일론 스타킹은 언제부터 신었을까?

스타킹은 윌리엄 리가 기계를 발명해 짜기 시작하면서 널리 퍼지긴 했지만 실크라는 값비싼 재료의 한계가 남아 있었어. 시간이 지나면서 면이나 양털로 만든 스타킹이 제작되었지만 너무 투박해서 목이 긴 양말 수준이었지.

지금과 같은 스타킹이 나온 건 1938년 미국 듀폰사가 나일론이란 신소재를 개발하면서부터야. 당시 '새로운 실크'라 불릴 정도로 폭발적인 반응을 얻었지. 거미줄보다 가늘지만 질기고 강한 데다 쭉쭉 늘어났다 줄어드는 탄력성과 따뜻한 보온성도 갖추고 있었거든. 이듬해 나일론 스타킹이 처음 등장했을 때는 실크 스타킹보다 값이 비쌌지만 이런 여러 가지 장점 때문에 큰 인기를 끌었지. 이후 새로운 제품이 계속 개발되면서 여성들의 미니스커트와 찰떡궁합을 이루어 오늘날에 이르고 있단다.

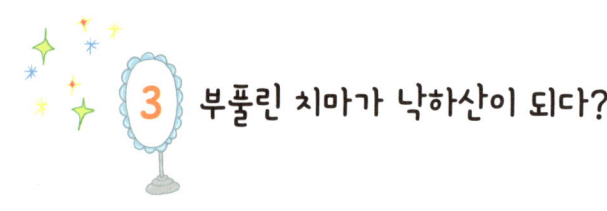

3 부풀린 치마가 낙하산이 되다?

1885년 봄, 영국에서 아주 놀라운 사건이 일어났어. '사라'라는 22살의 젊은 여성이 약혼자로부터 이별 통보를 받았어. 충격을 받은 사라는 삶의 의욕을 잃었지. 그녀는 깊은 절망감에 휩싸여 그 도시에서 가장 높은 다리 위로 갔어. 주위에는 사람들이 많았지만 누가 말릴 틈도 없이 아래 강물로 뛰어내렸어. 이를 본 사람들은 어쩔 줄을 몰랐지.

"아이구, 이를 어째…, 쯧쯧!"

그런데 정말 기적 같은 일이 일어났어. 사라가 강물이 아닌 강둑의 진흙밭에 사뿐히 내려앉은 거야. 사람들이 우르르 몰려가 진흙에 빠진 그녀를 구했지.

사라의 목숨을 살린 건 뜻밖에도 치마였어. 엄청나게 커다란 치마가 낙하산 역할을 한 덕분에 바람에 밀려 강물 옆의 진흙에 사뿐히 내려앉을 수 있었던 거야. 도대체 치마가 어떤 형태였길래 사람의 목숨까지 구할 수 있었는지 한번 알아볼까?

르네상스 이후 유럽 여성들 사이에서는 입이 딱 벌어질 만큼 크게 부풀린 치마가 유행을 타기 시작했어. 첫 서막을 알린 것이 '파딩게일'이야. 파딩게일은 15세기 후반 스페인에서 처음 등장해서 유럽의 다른 나라로 급속히 퍼져 나갔지.

여기서 깜짝 퀴즈! 조선 시대의 왕이 서너 명의 부인을 얻었다면 그 부인들

<앙리 3세의 궁정 무도회>. 파티에 참여한 귀부인들이 파딩게일을 받쳐 입어 치마가 풍성해 보인다.

은 어느 나라 사람이었을까? 당연히 조선의 여인들이었겠지. 그렇다면 비슷한 시기 유럽은 어땠을까? 영국 왕 헨리 8세는 여섯 명의 부인을 두었는데 그중 한 명은 스페인, 다른 한 명은 독일 출신이었어. 당시 유럽의 각 나라들은 서로 간의 동맹을 강화하는 차원에서 왕실끼리 결혼을 하는 경우가 많았지. 결혼을 통한 활발한 국제 교류는 패션 발전에 크게 이바지했단다.

파딩게일이 퍼지게 된 것도 이런 까닭이야. 헨리 8세의 첫 번째 부인이었던 아라곤의 캐서린은 스페인 왕실에서 시집와서 파딩게일을 영국에 전파했지. 파딩게일이란 말은 '어린 나무'를 뜻하는 스페인어에서 나왔어. 이름에서 알 수 있듯이 먼저 버드나무처럼 잘 휘는 어린 나뭇가지를 꺾어다 둥근 버팀살을 만들어. 그런 다음 그것을 크기에 따라 위에서 아래로 차례차례 치마 속에 심으면 마치 종 모양처럼 치마가 넓게 퍼져 여성의 몸매를 더욱 돋보이게 만들어 주지.

그런데 나무로 만든 버팀살은 단점이 있어. 너무 건조하면 탄력을 잃어 뻣뻣해지고, 오래되면 썩거나 부러질 수도 있거든. 그래서 시간이 지나면서 발전을 거듭해 나무 대신 철사나 고래 뼈 등 더 좋은 재료를 썼단다.

사라는 부풀린 치마 덕분에 목숨을 건졌어. 사건 이후 그녀는 결혼도 하고 85세까지 장수를 누렸대. 하지만 이런 행복한 결말은 극히 예외적인 경우야. 부풀린 치마 때문에 크게 다치거나 목숨을 잃는 일이 많았거든.

계단에서 치맛자락을 밟고 넘어지거나 강풍에 휩쓸려 다치는 것쯤은 애교 수준이었어. 치렁치렁한 치맛자락이 공장 기계에 끼여 톱니바퀴 속으로 빨려 들어가면 끔찍한 결과를 낳았지.

가장 위험한 것은 불이었어. 서양의 가정집엔 벽난로가 흔했는데, 여성이 부엌일을 도맡아 했기 때문에 큰 치마 끝자락에 불이 옮겨 붙을 가능성이 높았어. 1864년 한 신문은 치마에 불이 붙어 사망한 여성이 전 세계적으로 무려 4만 명에 이른다고 발표했어. 유행이 낳은 비극이 아닐 수 없지.

또한 유행에 따라 멋을 부리면 겉보기에는 화려하고 우아하지만 여러 가지 불편이 따르게 마련이야. 잔뜩 부풀린 치마를 걸쳤을 땐 더욱더 그러하지. 한 예로 귀부인들은 외출 시에 필수품으로 작은 휴대용 요강을 가지고 다녔대. 갑자기 화장실에 가고 싶을 때를 대비한 거란다.

부풀린 치마의 변천사

파니에

1700년대 초반에 등장한 것으로 파딩게일에서 약간 변형된 형태이다. 치마를 부풀리기 위해 금속이나 고래 뼈, 나무줄기 등으로 얼개를 만들어 버팀대로 썼다. 종 모양의 파딩게일과 달리, 파니에는 엉덩이 양 옆으로 길게 늘어난 타원형 모양이다.

크리놀린

치마를 풍성하게 부풀리는 치마 버팀대로, 1800년대에 나타났다. 앞에 소개한 사라가 치마 속에 입었던 것인데, 예전보다 훨씬 가볍고 유연한 데다 허리를 더욱 가늘어 보이게 했다. 폭이 커서 문을 통과하거나 의자에 앉을 때 등 일상생활에 불편을 끼쳤다.

버슬

치렁치렁한 치맛자락을 모아서 엉덩이 뒤로 멋스럽게 올려붙인 것으로 1800년대 중·후반에 나타났다. 이를 위해 엉덩이 뒤 치마 속에 패드나 철사로 엮은 받침살대를 넣었다. 점차 커져 닭의 꽁지깃처럼 우스꽝스런 모양새가 되자 사람들의 놀림거리가 되기도 했다.

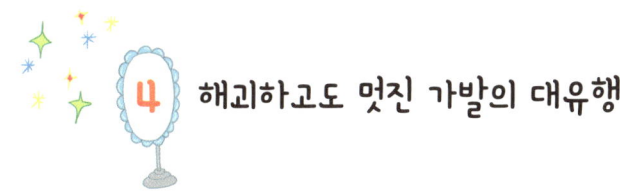
4 해괴하고도 멋진 가발의 대유행

얼굴은 사람의 외모를 판단할 때 가장 중요한 부분이야. 머리카락은 얼굴을 더욱 돋보이게 만들지. 그런데 나이가 들면서 머리숱이 적어지거나 대머리가 되는 경우가 있어. 이럴 때 필요한 것이 가발이야. 적은 머리숱을 보완하거나 대머리를 감출 수 있거든.

서양에서 가발이 유행하기 시작한 것은 17세기 초 무렵이야. 최고 권력자인 왕들이 유행을 이끌었지.

처음 가발을 쓴 것은 영국을 번영으로 이끈 엘리자베스 1세야. 그녀는 태어날 때부터 빨강 머리였어. 나이가 들자 머리가 하얗게 세기 시작했지. 이를 감추기 위해 보석으로 장식한 빨강 가발을 썼다고 해. 58쪽의 〈엘리자베스 1세〉 그림을 봐도 알 수 있어.

본격적으로 가발의 대유행을 이끈 것은 프랑스 왕가야. 프랑스 왕 루이 13세는 젊은 나이에 대머리가 되어 가발을 썼어. 그 뒤를 이은 루이 14세 역시 같은 상황이 벌어졌지. 아예 머리카락을 모두 밀어 버리고 크게 부풀린 거대한 가발을 썼어. 그는 아주 강력한 왕권을 행사했기 때문에 그에게 잘 보이고 싶은 신하나 궁정 사람들이 이를 따라 하기 시작했지.

당시 그가 쓴 가발을 '페리위그'라고 불러. 70쪽의 〈루이 14세의 초상〉을 보면

가발의 형태를 잘 볼 수 있어. 남성들만 쓰던 페리위그는 구불구불한 머리카락이 어깨 아래까지 치렁치렁하게 내려오는 게 특징이야. 얼핏 보면 마치 사자의 갈기를 꼬불꼬불하게 파마한 것과 비슷한 분위기였어. 이 때문에 키가 커 보이는 효과가 있었지. 루이 14세는 페리위그를 착용하여 작은 키를 크게 보이게 했대.

남성들은 큰 가발을 쓰기 위해 원래 머리카락을 매끈하게 밀거나 짧게 자르는 것이 유행이었던 반면에 여성들은 자신의 본래 머리를 빗어 올려 그 위에 가발을 쓰고 별의별 장식을 했지. 유행이 한창일 때는 사람 키의 절반에 이를 정도로 거대해졌고, 우뚝 솟은 머리 위에는 새의 깃털이나 꽃 장식은 물론이고 야채, 과일, 심지어 새장과 모형 군함까지 올려놓았다는구나. 이 정도면 머리에 올려놓을 수 있는 건 무엇이든 다 올려놓았다고 해도 과언이 아니지.

머리 장식이 얼마나 요란하고 거창했던지 쉽게 믿어지지 않는 갖가지 해괴한 이야기들이 전해지고 있어. 어떤 귀부인이 너무 높고 커다란 가발 때문에 문틀에 껴서 오도 가도 못하게 되었다든가, 높은 천장에 달린 샹들리에의 촛불에 머리가 닿아 불이 붙었다든가, 머리 안쪽에 생화를 꽂은 물병을 얹고 다녔는데 꽃이 시들면 거기에 물을 뿌렸다든가, 심지어 큰 가발 안에 쥐가 들어가 살았다는 엽기적인 이야기까지 있지.

당시 사회 모습을 비꼰 풍자 화가들의 그림을 보면 재미있는 것들이 많아. 커다란 가발에 새들이 둥지를 짓기 위해 날아드는 그림, 쓰레기부터 야생 동물까지 온갖 것들이 가발 속에서 쏟아져 나오는 그림, 귀부인의 머리를 장식하기 위해 미용사가 사다리를 놓고 올라간 그림 등등. 이런 우스꽝스런 풍자화를 그린 것을 보면 당시에도 지나치게 거대한 가발이 유행하는 현상을 어이없게 여겼던 게 분명해.

150년 넘게 이어진 대형 가발의 유행은 일순간에 된서리를 맞았어. 그 계기가 된 사건이 바로 프랑스 대혁명이야. 당시 왕과 귀족들은 사치와 향락에 빠져 나랏일을 돌보지 않았어. 이에 시민 계급이 자유와 평등의 가치를 얻기 위해 지배 계

〈어이없는 취향 또는 어리석은 귀부인들〉

급에 대항해 싸움을 벌였지. 이걸 역사에서는 '프랑스 대혁명'이라고 불러.

대혁명이 성공한 뒤 머리 모양에도 변화가 일어났어. 지배 계급의 상징인 대형 가발을 한다는 건 곧 '나를 잡아가세요!' 하고 광고를 하는 것이나 다름없었거든. 목숨이 위태로웠던 귀족들은 더 이상 가발을 쓰지 않았단다.

가발을 노리는 도둑

귀족들이 쓴 대형 가발은 값이 아주 비쌌어. 구린내 나는 곳에 파리가 꼬이듯 값비싼 물건에 도둑이 기웃거리기 마련이야. 도둑들이 가발을 훔치는 수법은 비교적 단순했어.
예컨대 사람과 오토바이가 함께 달리면 누가 더 빠를까? 사람이 오토바이를 절대 따라잡을 수 없어. 마찬가지로 마차와 말을 탄 사람이 함께 달리면? 마차는 수레의 무게 때문에 말을 탄 사람을 절대 따라잡을 수 없지. 이런 방법으로 도둑들은 값비싼 가발을 쓴 사람이 마차에 타면 뒤로 다가가 구멍을 뚫어 가발을 벗긴 뒤 전속력으로 말을 달려 도망쳤다는구나.

가발 때문에 목이 부러져 죽다?

서양에서 대형 가발이 유행할 무렵 우리나라에서도 여성들의 가발이 크게 유행했어. 조선 시대 풍속 화가인 신윤복의 〈미인도〉를 한번 볼까?

머리 모양이 좀 거짓이다 싶게 크게 똬리를 틀고 있어. 이것은 진짜 머리카락이 아니라 '다리'라 불리는 일종의 가발이야. 여자들이 머리 위에 얹는 장식용 머리로 머리숱이 많아 보이게 하지. 한자로 '가체'라 부르기도 해.

신윤복, 〈미인도〉 부분

당시 조선 여인들 사이에는 이런 얹은머리가 하나의 멋이고 유행이었어. 사치스런 머리 장식을 위해 재산을 낭비하는 일이 많았지. 이것이 사회 문제로 불거지자, 영조 임금 때는 가체를 금하고 대신 족두리를 사용하게 하는 가체 금지령을 내렸지만 잘 고쳐지지 않았다는구나.

당시 가체가 얼마나 크고 무거웠는지를 보여 주는 일화가 있어. 한 부잣집에 13세의 나이 어린 신부가 머리를 잔뜩 치장하고 긴장한 채 앉아 있다가 시아버지가 들어오자 갑자기 일어서다가 머리 무게 때문에 그만 목뼈가 부러지고 말았다고 해.

왕이 명령해도, 사람이 죽어 나가도 유행을 막을 수가 없었으니 유행의 힘이 얼마나 큰지 미루어 짐작할 수 있을 거야.

5 향수를 유행시킨 목욕 공포증

로마 시대에 공중목욕탕이 크게 인기를 끌었다는 것은 앞서 이야기한 바 있어. 그러나 로마 제국이 멸망한 이후 목욕탕은 사라져 버렸어. 초기 기독교의 가르침 때문이었지.

'기독교에 몸을 담근 이는 다시는 물에 몸을 담글 필요가 없다.' 이건 당시 기독교인들로부터 존경받던 히에로니무스라는 성자가 남긴 유명한 말이야. 기독교인이 되어 맑은 영혼을 가지면 몸 따위는 씻을 필요가 없다는 뜻이지. 이런 가르침이 나온 것은 로마 시대의 퇴폐적인 목욕 문화 때문이었어. 이를 혐오한 기독교인들은 목욕을 타락한 짓이라 여겼어.

씻는 걸 죄악으로 여긴 사회 분위기 때문에 유럽은 중세 시대 내내 목욕을 극히 꺼리는 더러운 대륙이었어. 몸의 때를 성스럽게 여기며 찬양하기까지 했지. 이런 까닭에 왕이든 귀족이든 농부든 더러운 몸으로 악취를 풍기고 다녔단다.

십자군 전쟁 이후 조금 변했어. 동방의 목욕 문화를 보고 돌아온 기사들은 더 이상 몸의 때를 신성하게 여기지 않았어. 유럽 곳곳에 하나둘 목욕탕이 생겨나고 몸을 청결히 하는 문화가 싹트기 시작했지.

하지만 이것도 잠시, 목욕 문화에 찬물을 끼얹는 엄청난 대재앙이 일어났어. 전 유럽 대륙을 휩쓴 '페스트'라는 전염병이 바로 그것이야. 병에 걸리면 달걀만 한 검은색 종기가 생기고, 여기서 피와 고름이 새어 나오기 때문에 '흑사병'이라고도 불러. 전염성이 아주 강해서 한 마을에 페스트가 퍼지기 시작하면 수많은 사람이 죽어 나가거나 아예 한 마을 자체가 없어질 정도로 무시무시했지.

14세기 중반부터 반세기 가까이 페스트가 휩쓸고 지나가자 유럽 인구의 3분의 1이 이 병으로 사망했다고 해. 세 명 가운데 한 명꼴로 죽어 나간 거지.

그런데 페스트가 목욕 문화와 무슨 상관이냐고? 현대인들은 질병이 발생하면 위생을 철저히 하고 청결을 유지하는 게 예방에 도움이 된다고 생각하지만 당시에는 그렇지 않았어. 오히려 그 반대였지.

갑자기 몰아닥친 질병이 유럽 대륙을 쑥대밭으로 만들자 사람들은 씻는 것에 두려움을 느끼게 되었어. 당시는 의학 지식이 발달하지 않아 따뜻한 물에 몸을 담그면 피부의 땀샘이 열리고, 그곳으로 병균이 침투한다고 믿었지. 질병의 대재앙 이후 '살고 싶으면 씻지 말라'는 목욕 공포증이 사람들 사이에 널리 퍼지게 된 거야.

목욕과 아예 담을 쌓고 지내다 보니 우아함을 뽐내는 왕이나 귀족들조차 몸에 벼룩과 이가 득시글거렸어. 다시 예전처럼 몸에 때를 덕지덕지 붙인 채 아무렇지도 않게 악취를 풍기고 다녔지. 영국의 여왕이었던 엘리자베스 1세조차 한 달에 한 번꼴로 목욕한다는 걸 무슨 큰 자랑처럼 말할 정도로 아주 오랜 기간 동안 유럽 사람들의 몸은 더러웠단다.

그래서 발달한 것이 바로 향수야. 신분이 높든 낮든 상관없이 모두가 씻지 않아서 나는 냄새 때문에 코를 틀어막아야 했던 시대에 향수는 좋은 공기 정화제였어. 나쁜 냄새를 잡기 위해 옷뿐만 아니라 가구나 액세서리까지 뿌렸지. 또한 향수는 물과 비누를 대신할 수 있어서 질병을 예방하는 역할도 했어.

　오랜 기간 더러운 대륙으로 남아 있던 유럽에 변화의 바람이 분 것은 18세기 중반부터야. 이 무렵 과학자들은 사람의 피부에 호흡 기능이 있다는 걸 발견했어. 목욕을 해서 때를 닦지 않을 경우 구멍이 막혀 건강을 해친다는 상식이 서서히 자리 잡았지. 그래서 사치스럽기로 이름난 루이 16세의 왕비 마리 앙투아네트는 매일 아침 욕조에서 목욕을 즐겼다고 해.

　지금 현대인들은 매일같이 샤워를 할 만큼 청결하지만 향수를 사용하는 사람도 적지 않아. 좋은 향수는 놀랄 만큼 값도 비싸지. 지금의 향수는 옛날처럼 나쁜 냄새를 없애기 위해서라기보다는 더 좋은 향기를 내뿜어 자신의 매력을 돋보이게 하기 위해 쓰는 경우가 많단다.

향수 때문에 신분이 탄로 나다

18세기 유럽에서는 향수가 유행처럼 번졌어. 당연히 지위가 높은 사람일수록 더 좋은 향수를 뿌리고 다녔지. 지금처럼 평등한 사회에서도 부유한 사람과 가난한 사람이 쓰는 용품에 큰 차이가 나는데 그때는 신분제 사회였으니 더 말할 것도 없었지. 당시 한 향수업자는 계급마다 특별한 냄새가 있어야 한다는 주장을 폈대. 귀족 계급을 위한 왕족 향수, 중산 계급을 위한 부르주아 향수, 가난한 하층민들은 살균제 냄새만으로도 족하다고 했다는구나.

그런데 귀족들의 고급 향수가 오히려 덫이 된 경우가 있어. 바로 루이 16세의 왕비 마리 앙투아네트에게 있었던 일이야. 프랑스 대혁명 당시 루이 16세 일행은 혁명군의 눈길을 피해 다른 나라로 도망칠 계획을 세웠어. 빨리 도망가려면 모든 게 단출해야 했지. 하지만 세상 물정 모르는 왕비는 큰 마차를 고집했어.

"작은 마차는 안 돼요. 맛있는 음식과 술은 물론이고 내가 아끼는 옷이나 화장품까지 다 실어야 한다구요. 아 참, 마차 안에 식당과 화장실도 만들어야 해요."

큰 마차로 이동할 경우 발각될 수 있다고 말렸지만 왕비는 들은 체도 하지 않았어. 하는 수 없이 여러 마리 말이 끄는 큰 마차를 타고 길을 떠났어. 운 좋게 사람들의 눈을 피해 독일과 맞닿은 지역인 바렌에 도착하자 왕과 왕비는 안도의 한숨을 쉬었지.

평민 복장으로 갈아입고 마차에서 내려 시골 마을을 구경했어. 사람들이 자신들을 알아보지 못할 거라 생각했지만 그건 큰 착각이었지. 옷으로 신분을 감출 수는 있었지만 냄새는 가릴 수가 없었거든. 당시 마리 앙투아네트는 '왕비의 여운'이란 이름의 향수를 무척 좋아했는데, 고급스런 향수 냄새가 짙게 풍기자 이를 수상쩍게 여긴 사람들이 혁명군에게 신고를 했어. 결국 왕과 왕비 일행은 혁명군에게 체포되어 단두대의 이슬로 사라지고 말았단다.

6 마술 모자 토퍼가 유명해진 이유

화가 들라크루아는 〈민중을 이끄는 자유의 여신〉이란 명작을 남겼어. 이 작품은 워낙 유명해서 어디선가 본 적이 있을 거야. 화가는 1830년에 있었던 프랑스 7월 혁명의 정신을 기리기 위해 이 작품을 그렸다고 해. 자유를 상징하는 여성이 프랑스 국기인 삼색기를 들고 앞장서 시민들을 이끄는 모습이야.

이 그림에 등장하는 남성들의 머리를 자세히 보면 하나같이 모자를 쓰고 있어. 모자의 형태는 제각각이야. 당시 유행하던 모자를 신분에 맞게 쓴 모습이지. 여기서 특히 눈길을 끄는 것은 앞쪽에 장총을 들고 멋지게 구레나룻 수염을 기른 사람이야. 그가 머리에 쓰고 있는 모자를 '토퍼'라고 해.

그런데 이 모자 어디서 본 듯한 느낌이 들지 않니? 그래, 맞아! 마술사들이 마술을 부릴 때 흔히 쓰고 나오는 모자가 바로 이 토퍼야. 모자 속에선 요술 주머니처럼 공이나 손수건, 과일, 지팡이 등 별의별 것들이 다 나오지. 때론 귀여운 토끼가 튀어나오기도 하고 비둘기가 날아오르기도 해.

토퍼는 점잖은 신사를 상징하는 모자인데 18세기 후반부터 인기를 끌기 시작했어. 이 무렵 토퍼에 얽힌 재미난 이야기가 있지.

당시 영국 정부는 재정 상태가 좋지 않았어. 나라의 곳간이 비었을 때 이를 채우는 방법은 국민들로부터 세금을 거두는 거야. 앞서 살펴본 대로 이때는 머

외젠 들라크루아, 〈민중을 이끄는 자유의 여신〉

리 모양을 엄청나게 부풀리는 가발 패션이 유행을 했어. 머리 장식의 마지막 순서는 파우더를 뿌리는 거였는데 파우더의 재료는 바로 밀가루였지. 흉년이 들어 먹을 것도 부족한데 멋을 내기 위해 엄청난 양의 밀가루를 낭비하자 영국 정부는 여기에 세금을 매겼어. 낭비도 막고 세금도 거둬들이고 그야말로 '꿩 먹고 알 먹고'였던 거야.

톡톡히 재미를 본 영국 정부는 한 걸음 더 나아가 사람들이 쓰는 모자에도 세금을 부과했어. 세금치고는 좀 어처구니가 없지만 당시 모자의 인기가 어지간 했던 모양이야. 수도인 런던에 사는 사람들은 모자 한 개당 2파운드, 런던 이외 지역에 사는 사람들은 5실링을 주고 허가증을 구입해 모자 안쪽에 붙여야 했지.

모자에 세금이 붙자 쓰는 사람이 줄어들었어. 세금을 내면서까지 모자를 쓰는 게 달갑지 않았던 거지. 그러자 모자를 만드는 상인들이 어려움에 빠졌어. 1797년 모자 가게를 운영하던 존 헤더링턴은 모자세 때문에 매출이 급격히 줄어들자 불만을 품었지.

'세금이 너무 못마땅해. 이 상황을 해결할 방법이 없을까? 그래, 눈에는 눈, 이에는 이, 모자에는 모자로 대응해야 해!'

그는 기존에 영국 사람들이 쓰던 모자와는 형태가 다른 머리에 쓸 것을 만들었어. 그러면 세금을 피할 수 있기 때문에 예전처럼 많은

수입을 올릴 수 있을 거라고 생각했지. 그는 번쩍번쩍 빛이 나는 재질에 굴뚝처럼 높이 솟은 기이한 모자를 머리에 쓰고 런던 시내를 활보했어. 자신이 쓴 모자가 금세 인기를 끌 거라 여겼지. 결과는 정반대였어. 사실 이 모자는 이미 프랑스에서 한창 유행하고 있었지만 영국 사람들에겐 아주 낯설고 생소한 물건이었던 거야.

사람들이 우르르 몰려들어 그의 해괴한 모자를 놀리며 손가락질했어. 나중에는 나무나 돌멩이 따위를 던지기도 했지. 그 와중에 사람들끼리 밀고 밀리다 한바탕 소동이 일어났어. 어떤 여성이 비명을 지르며 기절했고, 한 소년은 사람들 틈에 끼여 팔이 부러졌지.

곧이어 경찰이 달려왔어. 체포된 사람은 소동을 일으킨 자들이 아니라 존 헤더링턴이었지. "공공장소에서 번쩍번쩍하고 삐죽하게 굴뚝처럼 솟은 모자를 쓰고 나와 선량한 시민들의 마음을 어지럽힌 죄가 있으니 50파운드의 벌금에 처한다." 그는 결국 벌금을 내고 풀려날 수 있었단다.

이 사건이 있은 뒤로 모자가 사라졌냐고? 아니야. 오히려 시간이 지날수록 모자의 인기는 높아졌어. 나중에는 부유하고 지위가 높은 점잖은 신사들이 주로 쓰는 모자가 됐지. 토퍼는 지붕이 굴뚝처럼 솟아 '톱 해트(top hat)'란 별칭도 얻었는데 모자가 유행을 타기 시작하자 '톱 해트의 반란'이란 말까지 생겨났지.

이렇게 해서 모자세를 교묘하게 피해 가자 영국 정부는 1804년부터는 아예 머리에 쓰는 모든 것에 모자세를 부과하는 것으로 법을 바꾸었어. 요즘 모자에 이처럼 세금을 매긴다면 사람들이 가만히 있을까? 그렇지 않겠지. 당시 사람들도 비슷했던 모양이야. 모자세에 강력히 반발하며 저항했어. 그리하여 1784년 처음 도입된 모자세는 27년 만인 1811년에 폐지되었단다.

새들의 수난을 불러온 깃털 모자

토퍼가 남성들에게 인기 있는 모자였다면 여성들에게 큰 인기를 끈 것은 깃털 모자였어. 1860년대에 깃털 한두 개로 시작된 모자 장식이 나중에는 새 한 마리를 박제하여 통째로 올려놓는 지경에 이르렀어. 나뭇가지와 잎사귀, 이끼 등을 장식하여 모자가 마치 새의 둥지처럼 보이도록 연출했지. 깃털 장식이 없는 것은 모자 축에도 끼지 못할 정도였단다.

깃털 모자가 선풍적인 인기를 끌자 제일 바빠진 것은 새 사냥꾼들이었어. 주로 백로나 왜가리처럼 깃털이 큰 새들이 목표물이 되곤 했지만 작은 새들이라고 안전하지는 않았어. 깃털을 가진 새라면 거의 마구잡이로 잡아들였으니까.

심지어 둥지에서 새끼에게 먹이를 주는 어미 새를 사냥감으로 삼기도 했어. 그러면 자연스럽고 훼손이 안 된 깃털을 아주 손쉽게 얻을 수 있었거든. 물론 수백 수천 마리의 새끼들은 굶어 죽을 수밖에 없었지. 깃털이 눈부시게 아름다운 몇몇 새들은 거의 멸종 위기에 처했고.

20세기에 들어서자 동물 보호 단체를 중심으로 이것은 야만적인 모자 패션이라며 반대 목소리를 높였어. 이에 따라 미국에 이어 영국에서도 야생 조류의 깃털을 사고팔 수 없는 법을 만들었고, 이후 깃털 모자의 유행은 서서히 막을 내렸단다.

7 여왕들이 탐내던 진주 목걸이, 라 페레그리나

자신의 몸을 치장하는 데 보석만큼 돋보이는 게 또 있을까! 그러니 멋쟁이들이 보석을 탐내는 게 당연하지.

세상을 떠들썩하게 만든 보석이 몇몇 있는데 '라 페레그리나'도 그중 하나야. 물방울이 흘러내리는 듯한 모양의 커다란 진주로 '순례자' 혹은 '방랑자'라는 뜻을 가지고 있어. 영롱한 빛을 지닌 이 아름다운 보석은 자신의 이름처럼 오랜 세월 동안 주인을 바꿔 가며 방랑하듯 떠돌았단다.

라 페레그리나가 처음 세상에 모습을 드러낸 건 1513년이야. 스페인의 식민지였던 파나마의 해안가에서 한 노예가 발견했지. 노예는 이 귀한 보석을 바친 대가로 자유의 몸이 되었다고 해.

스페인 왕실에서 소유하던 이 진주는 영국으로 건너가게 돼. 1554년 스페인의 왕자 펠리페 2세가 동맹 관계를 맺기 위해 영국 여왕인 메리 1세에게 청혼 선물로 보냈거든. 진정으로 좋아했던 메리와 달리 펠리페 2세는 메리를 그다지 좋아하지 않았던 모양이야. 펠리페 2세는 꽤 미남형인 데 반해 메리는 예쁜 편도 아니고 나이도 그보다 열한 살이나 많았거든.

그래서인지 펠리페 2세는 결혼 후에도 이런저런 핑계로 스페인에 머물 때가 많았어. 메리는 멀리 있는 남편을 그리워하다 상상 임신을 한 적도 여러 번이

안토니스 모르, <메리 1세 여왕의 초상화>

라 페레그리나?

었대. 남편에게 선물받은 라 페레그리나를 얼마나 끔찍하게 아꼈는지 그녀의 초상화를 보면 한결같이 이 진주 목걸이를 자랑스레 목에 걸고 있는 모습이야. 하지만 아무리 값진 보석을 걸쳤다 한들 자신을 멀리하는 남편을 생각하면 그리 행복하지는 않았을 거야.

메리는 결혼한 지 4년 만에 세상을 떠나고 말았어. 뒤를 이어 이복동생인 엘리자베스가 여왕 자리를 물려받았지. 그녀도 이 진주를 무척 탐냈지만 가질 수는 없었어. 메리가 왕실의 다른 보물을 모두 물려주면서 라 페레그리나만큼은 남편에게 돌려주라는 유언을 남겼거든. 자신이 애지중지하던 물건을 서로 앙숙이던 엘리자베스가 물려받는 게 못마땅했던 거지.

여기에 대한 분풀이였는지 엘리자베스 여왕은 진주에 대한 애착이 남달랐어. 당시 해상권을 주름잡고 있던 나라는 스페인이었어. 스페인은 신대륙 발견과 함께 거기서 실어 온 온갖 진귀한 물품을 바탕으로 강대국으로 우뚝 섰지. 엘리자베스 여왕은 영국 해적들로 하여금 그 배들을 공격해 보물을 약탈하도록 했어. 특히 진주란 진주는 모두 빼앗으라는 명령을 내렸지.

엘리자베스 여왕은 그렇게 해서 셀 수도 없을 만큼 많은 진주를 손에 넣었지만 라 페레그리나만큼 좋은 진주는 결국 갖지 못했다고 해. 현재 남아 있는 엘리자베스 여왕의 초상화를 보면 몇 겹의 진주 목걸이를 길게 드리우고, 그것도 성에 안 차 머리부터 발끝까지 온몸에 진주알투성이야. 58쪽의 그림을 보면 화려한 진주 장식을 볼 수 있어. 당시 궁녀들은 여왕의 옷에 주렁주렁 매달린 진주가 한 알 떨어져 운 좋게 자기 것이 되기를 바랐다고 해.

한편 스페인 왕실은 라 페레그리나를 돌려받은 뒤 약 250년간 왕실의 보석으로 왕비들이 즐겨 착용했지. 하지만 이 기간 동안 강대국 스페인은 쇠락의 길을 걸었어.

19세기 초 나폴레옹은 유럽을 정복하면서 스페인을 손에 넣자 그의 형인 조제프를 왕으로 앉혔어. 조제프가 권력을 잡은 뒤 스페인 사람들은 프랑스 세력을 몰아내기 위해 독립 투쟁을 벌였어. 그 결과 조제프는 5년 만에 왕의 자리를 잃고 쫓겨나면서 보물인 라 페레그리나를 숨겨 가지고 나왔지. 이후 자기 조카에게 물려주었는데 생활고 때문에 영국 귀족인 애버콘 가문에 팔아넘겼대.

100년이 훌쩍 넘는 세월 동안 애버콘 가문은 라 페레그리나를 가보로 소중하게 보관했어. 그러다 1969년 마침내 이 진주를 경매로 내놓았지. 경매는 물건을 사려는 사람이 많을 때 값을 가장 높게 부르는 사람에게 파는 방법인데, 이걸 낙찰받은 사람은 유명 배우였던 리처드 버턴이야. 버턴은 역시 세계적인 영화배우인 엘리자베스 테일러에게 이 진주를 주었지. 보석광이었던 아내를 위해 마련한 밸런타인데이 선물이었다고 해.

그런데 테일러는 이 값진 물건을 한 호텔에서 잃어버린 적이 있다는구나. 그녀는 온 방을 이 잡듯 뒤졌지만 진주는 보이질 않았어. 반쯤 넋이 나간 채 앉아 있을 때 문득 자기가 키우는 강아지가 무언가 우물거리는 게 눈에 띄었지. 강

아지가 씹고 있는 건 뼈다귀가 아니라 바로 진주였던 거야. 다행히 진주는 손상이 가지 않았다는구나.

엘리자베스 테일러가 죽은 뒤에 라 페레그리나는 경매에서 한 아시아인에게 엄청나게 높은 가격으로 팔렸대. 그가 누구인지는 아직까지 밝혀지지 않았어.

혁명의 불씨가 된 다이아몬드 목걸이 사기 사건

멋의 상징인 보석은 종종 역사적인 사건을 일으키곤 해. 1775년 프랑스 사회를 발칵 뒤집어 놓은 보석 사건이 대표적이야. 루이 16세의 왕비 마리 앙투아네트를 사칭한 다이아몬드 목걸이 사기 사건인데 앞뒤 사정을 이야기하면 다음과 같아.

본래 이 목걸이는 프랑스 왕 루이 15세가 자신이 총애하던 여인인 뒤 바리 부인에게 선물하기 위해 보석 세공사에게 특별히 부탁해서 만들었어. 영롱하게 빛나는 다이아몬드 647개로 이루어진 지상 최고의 화려한 목걸이지. 그러나 안타깝게도 루이 15세가 갑자스레 죽는 바람에 이 목걸이는 주인을 찾아가지 못하고 보석을 만든 세공사만 막대한 빚더미에 앉게 되었어.

세공사는 목걸이를 가지고 당시 사치스런 생활로 소문이 나 있던 왕비 마리 앙투아네트를 찾아갔는데, 왕비는 사회 분위기가 뒤숭숭한 데다 가격이 너무 비싸 거절했어. 몇 번이나 설득했지만 소용없었지. 그런데 이 소식을 들은 사기꾼 라 모트 부인이 엄청난 일을 꾸몄단다.

라 모트 부인은 왕비의 마음을 얻으려 하는 로앙 대주교에게 접근해 자신이 왕비와 아주 가까운 사이이고, 왕비가 다이아몬드 목걸이를 사려고 하는데 너무 비싸 나눠 사야 해서 보증을 설 사람이 필요하다고 말하지. 로앙 대주교가 보증인으로 나서자 세공사는 아무 의심 없이 목걸이를 왕비에게 전해 달라며 라 모트 부인에게 내주었어. 물론 라 모트 부인은 목걸이를 가지고 사라져 버렸지.

나중에 이 사실을 알게 된 마리 앙투아네트는 기가 막혔어. 라 모트 부인은 붙잡혀 감옥에 갇혔으나 곧 탈출해서 영국으로 도망쳤단다. 프랑스 국민들은 왕비가 라 모트 부인에게 모든 죄를 뒤집어씌우고 탈출을 도와줬다고 여겼어. 왕비로서는 무척 억울한 일이었지만 그것은 국민들로부터 신뢰를 잃었다는 증거이기도 했지. 나라를 뒤흔든 이 목걸이 사건은 결국 몇 년 뒤에 일어난 프랑스 대혁명의 불씨가 되었단다.

시민 계급이 성장하면서 신분제가 폐지되고 민주 정치가 자리 잡았어. 산업 혁명 이후 경제적인 풍요를 누리면서 많은 사람들이 여가 시간도 즐기게 되었지. 이런 정치, 경제적인 변화 속에서 20세기에 들어서자 누구나 누릴 수 있는 대중문화가 등장했어. 그동안 소외되었던 일반 여성이나 청소년, 어린이까지 대중문화의 중심축으로 우뚝 섰지. 대중문화의 부흥과 함께, 유행 속에 깃든 불편한 진실에 대해서도 한번 알아볼까?

제4장
멋과 유행의 새바람, 대중문화

1 여성들의 바지 입기와 자전거 열풍

'페미니즘'이란 말을 들어본 적 있니? 단지 여자라는 이유만으로 온갖 사회적 차별과 불평등을 당하는 것에 저항하며 이를 적극적으로 바로잡으려는 사회 운동을 말해. 모든 생활 영역에서 남성의 권리와 동일한 여성의 권리를 주장하는 것이지.

페미니즘은 19세기에 유럽에서 일어난 '여성 참정권 운동'에서 시작되었어. 여성에게도 정치에 참여할 권리를 달라고 요구한 거지. 그전까지 여성에게는 투표권이 없었거든. 이런 노력 덕분에 20세기 문턱에 들어서면서 세계 여러 나라에서 여성들은 비로소 투표권을 가지게 되었단다.

당시 페미니즘 운동에는 여성들의 바지 입기와 자전거 열풍이 한몫을 했어. 도대체 여성들의 바지와 자전거가 무슨 연관이 있냐고? 둘의 관계를 보여 주는 놀라운 사건이 하나 있지.

영국의 케임브리지 대학은 세계에서도 손꼽히는 명문 대학이야. 1897년 이 대학에서는 한 안건이 논의되고 있었어. 안건의 내용은 '대학을 졸업한 여학생에게도 학위를 수여해야 하는가?'라는 거였어. 당시 남자 졸업생에겐 공식 학위를 주었지만 여자 졸업생에겐 겨우 수료증만 달랑 주었거든. 지금의 눈으로 보면 참으로 어처구니가 없지만 이 대학에 여성의 입학이 처음 허용된 것도

1897년 케임브리지 대학 창밖에 매달린 여자 인형

1869년, 그러니까 채 30년도 안 된 시점이었지.

남학생들은 이 안건에 격렬한 반대 의견을 표출하기 위해 실제 사람과 똑같은 크기의 여자 인형을 만들어 건물 2층 창밖에 목을 매달아 걸어 놓았어. 그런데 지금도 남아 있는 그 사진을 보면 한 가지 이상한 게 있어. 대롱대롱 매달린 여자 인형은 특이하게도 바지를 입고 자전거를 탄 모습이야.

이 의문을 풀기 위해서는 먼저 자전거에 대해 알아볼 필요가 있어. 자전거가 처음 발명된 것은 19세기 초야. 이때의 자전거는 지금과 달리 페달도 없고 바퀴 2개만 있는 형태라 자전거를 타더라도 사람이 양발로 걸어야만 앞으로 나아갈 수 있었지. 브레이크도 없어 내리막길에서 매우 위험했단다.

이런 원시적인 자전거는 발전을 거듭하여 1880년대에는 마침내 지금의 형태

와 비슷한 자전거가 나왔어. 페달과 체인, 브레이크를 갖추고 있어 누구나 안전하게 탈 수 있었지. 그러나 이 자전거를 여성은 타기 어려웠어. 알다시피 유럽의 여성들은 오랜 세월 동안 치마 속에 다리를 꼭꼭 감추고 있었거든. 크리놀린이나 버슬 같은 걸 속에 넣어 크게 부풀린 치마를 입고 자전거를 탈 수는 없는 노릇이었지. 이런 상황에서 여성들의 바지 입기가 점차 시작된 거란다.

아멜리아 블루머라는 여성 운동가는 일찍부터 여성들도 남성들처럼 바지를 입어야 한다고 주장했어. 그녀가 선보인 여성용 바지를 '블루머'라고 불렀는데, 이 바지는 별로 호응을 얻지 못하다가 1890년대의 자전거 열풍과 맞물려 크게 유행하게 되었단다.

자전거를 탄 여성들은 발목이 드러난 블루머를 입고 원하는 곳을 향해 내달렸어. 그들은 학교에 가서 공부하길 원했고, 여성의 투표권을 요구하는 집회에 나가길 원했고, 남녀 차별이 있는 불평등한 사회 구조를 바꾸어 나가길 원했지. 사람들은 이런 여성들을 이전까지 본 적이 없는 새로운 여성이라 생각해 '신여성'이라 불렀단다.

이제 앞서 케임브리지 대학의 남학생들이 왜 자전거를 탄 여자 인형을 매달았는지 의문이 풀렸을 거야. 그들은 자신의 권리를 당당히 요구하는 신여성에 대한 거부감을 표현하려고 했던 거야. 참고로 케임브리지 대학은 여자 인형이 교수형을 당한 지 꼭 50년 후인 1947년에 마침내 여성에게도 정식 학위를 주었어. 이처럼 유행은 그저 유행으로만 그치지 않고 어떤 식으로든 그 시대를 표현하고 있단다.

와, 신난다!

2 대통령의 이름을 본뜬 곰 인형, 테디 베어

20세기 들어서면서 가장 큰 변화는 어린이가 유행의 대열에 합류했다는 사실이야. 그 이전까지 어린이들은 어른 못지않은 강도 높은 노동에 시달렸어. 산업 혁명 이후 일손이 모자라자 어린아이들까지 공장에 내몰아 혹사시키는 경우가 많았거든. 별다른 기술이 없는 아이들의 노동력을 값싸게 이용했던 거지.

하지만 사회가 발전하면서 어린이를 보호하는 각종 법률이 만들어졌어. 이렇게 해서 어린이들에게 여가 시간이 생기자 놀 거리가 필요했지. 어린이를 위한 장난감 시장이 점차 커지면서 유행이 생겨나기 시작했단다.

어린이용 장난감으로 유행을 탄 것은 수없이 많아. 그 가운데 특히 눈길을 끄는 것이 '테디 베어' 인형이야. 이 인형이 탄생한 데는 재미난 이야기가 있어.

미국에는 루스벨트라 불리는 대통령이 두 명 있는데 그중 한 사람이 제26대 테오도어 루스벨트야. 훗날 제32대 대통령이 된 프랭클린 루스벨트와는 먼 친척 관계란다.

1902년 테오도어 루스벨트 대통령은 미시시피주를 방문했어. 당시 이웃의 루이지애나주와 경계선 문제로 다툼이 일었는데 이것을 중재하기 위해서였지. 그는 공식 일정 중에 잠시 짬을 내어 곰 사냥을 나갔어. 사냥에서 아무것도 잡지 못하고 빈손으로 돌아오자 주최 측은 대통령을 위해 꾀를 냈어. 사냥하기 좋은 새끼 곰을 잡아 가둔 뒤 대통령에게 총을 쏘아 잡으라고 한 거야. 하지만 대통령은 이 불쌍한 어린 곰을 쏠 수가 없었지.

"곰을 놓아 주시오. 나는 묶어 놓은 동물은 쏘지 않을 겁니다."

이를 눈여겨본 『워싱턴 스타』 신문의 시사만화가 클리포드 베리먼은 대통령이 불쌍한 곰 사냥을 거부하는 내용의 그림을 그려 신문에 실었어.

이걸 보고 큰 감명을 받은 사람이 있었어. 브루클린에서 장난감 가게를 하던

모리스 미첨이야. 그는 아내와 함께 곰 인형 하나를 만들었는데 팔다리가 움직이고 눈을 깜빡거리는 인형이었지. 그들은 가게 앞에 베리먼의 신문 그림과 이 인형을 진열해 놓았어. 곰 인형은 금방 팔렸고, 다시 인형을 만들어 내놓자 그것도 금방 팔렸어. 이렇게 곰 인형은 만들기가 무섭게 팔려 나갔단다.

모리스 미첨은 이 곰 인형에 '테디'라는 이름을 붙여 줄 생각으로 대통령에게 편지를 썼어. 테디는 대통령의 이름인 '테오도어'의 애칭이었거든. 대통령은 흔쾌히 허락한다는 답장을 보냈어. 이렇게 해서 대통령의 이름이 붙은 곰 인형 '테디 베어'가 탄생한 거란다.

테디 베어는 인기 상품이 되어 엄청나게 팔렸어. 테디 베어가 폭발적인 인기를 얻자 테디의 이름을 딴 기계 저금통, 게임, 문방구, 그물 침대, 어린이용 자전거, 풍선, 가방 등이 쏟아져 나왔지.

이후 테디 베어는 전 세계적으로 사랑받는 장난감 인형이 되었어. 지금도 여전히 인기를 끌고 있어서 세계 곳곳에는 다양한 테디 베어를 진열해 놓은 박물관이 수도 없이 많아. 초기에 만들어진 테디 베어는 요즘의 수집가들이 아주 귀하게 여기는 품목이야. 한 예로 1989년에 만들어진 테디 베어 인형은 무려 8만 8천 달러(우리 돈 약 1억 원)에 팔렸다는구나. 인형 하나에 1억 원이라니 입이 떡 벌어지지만 테디 베어의 인기가 지금도 그만큼 높다는 것을 알 수 있지.

3 멋과 유행에 희생된 동물들의 수난사

인간이 자연 상태에서 다른 동물들처럼 맨몸으로 산다면 어떨까? 지금과 같이 지구상 어디에나 살기는 어려울 거야. 열대 지방을 제외하고는 다 얼어 죽을지도 모르는 일이거든. 이처럼 인간은 의복이 있어서 지구 곳곳에 생존할 수 있는 거란다.

특히 원시 시대에 의복은 인간이 생존하는 데 꼭 필요한 물건이었어. 동물의 가죽과 털이 의복의 재료였지. 시간이 흐르면서 의복은 생존에 필요한 물건이면서 동시에 멋을 내는 수단이 되었어. 추위나 더위로부터 몸을 보호하는 데 그치지 않고 옷으로 치장을 하기 시작한 거야.

멋을 내기 위해서는 좀 더 아름답고 부드러운 동물의 털과 가죽이 필요했지. 그래서 단지 멋진 털을 가졌다는 이유로 희생되는 동물들이 생겨났어. 어떤 특정한 동물의 털과 가죽이 유행할 때는 거의 멸종에 가까운 수난을 겪기도 했지.

뾰족한 것이 유행하던 고딕 시대에는 동물의 털가죽도 크게 유행했대. 귀족들이 모피를 애용하면서 서민층에도 널리 퍼졌어. 이 때문에 털을 가진 동물이면 죽음을 피하기 어려웠지. 특히 족제빗과 동물인 흰담비족제비가 최상품의 모피로 인기를 끌면서 인간의 표적이 되었단다.

그 후로도 유행 품목이 바뀔 때마다 여러 동물들이 무차별적인 사냥감이 되었어. 비버의 털가죽이 유행하자 유럽산 비버의 씨가 말랐고, 뒤이어 시베리아와 북아메리카의 비버가 죽어 나갔지. 19세기에는 물개가 떼죽음을 당했고, 20세기 초에는 검은 여우가 희생양이 되었어. 무지막지한 사냥의 결과 야생 동물이 자취를 감추자 이번에는 패션을 위한 모피용 동물을 사육하기 시작했단다.

환경 단체의 발표에 따르면, 단 한 벌의 모피 코트를 만들기 위해서는 토끼를 닮은 작은 동물인 친칠라가 100마리, 푸른 털을 가진 여우가 11마리, 크기에 따라 밍크가 45마리에서 200마리가 필요하다고 해. 이 때문에 전 세계적으

로 무려 4천만 마리의 동물들이 희생을 당하는데, 이 중 3천만 마리는 사육장에서 길러지고 나머지 1천만 마리는 야생 동물이라고 해.

올가미와 덫에 걸려 처참하게 죽어 가는 동물들도 안타깝지만 사육되는 동물들이라고 해서 사정은 별반 나을 게 없어. 동물 보호 단체에 따르면 여우, 밍크, 친칠라, 너구리, 토끼 등의 동물은 도살될 때까지 평균 0.5제곱미터 정도의 좁은 우리 안에서 갇혀 지낸다고 해. 대개 관리하기 편하다는 이유 때문이지만 밍크의 경우는 움직임이 적을수록 털이 부드럽다는 이유도 있어. 동물을 도살할 때도 전기 감전, 가스 독살, 목 부러뜨리기 등의 잔인한 방법을 쓴다고 해. 그래야 흠집이 생기지 않고 최고로 질 좋은 털가죽을 얻을 수 있기 때문이라나.

좁은 사육장에서 동물들은 극심한 스트레스에 시달려. 그래서 우리 안의 동물들은 본래의 습성과는 다른 특이한 행동을 보이기도 해. 같은 종족이나 자기 새끼를 잡아먹기도 하고, 자기 다리를 물어뜯는 등 자해를 하기도 하지.

인간의 손에 희생되는 동물들은 모두가 탐낼 만한 예쁜 털을 가졌어. 실제로 살아 있는 동물들을 보게 된다면 누구나 "아이, 귀여워!" 하면서 털을 쓰다듬을 거야. 그런데 정작 자신들이 이 동물들을 잔인하게 죽여서 만든 모피 코트로 멋을 부린다는 사실은 까맣게 잊고 있지.

동물들에게 털가죽은 자신의 옷이나 마찬가지야. 잔혹하게 옷을 빼앗기는 동물들이 말을 할 수 있다면 인간에게 이렇게 소리치고 싶을 거야.

"제발 내 옷 좀 빼앗아 가지 마세요!"

인조 모피는 어떨까?

내 몸을 따뜻하게 하기 위해서, 혹은 멋이나 유행을 위해서 동물이 끔찍하게 죽는다는 이야기를 듣고 불편함을 느끼는 사람들이 생겨났어. 멋진 모피 코트를 걸치고 있으면 예전과 달리 잔인하고 이기적인 인간이라는 따가운 시선도 쏠렸어. 모피 패션에 반대하며 '모피를 입느니 차라리 벗겠다'고 하는 운동이 점차 힘을 얻었지.

모피 패션에 대한 거부감이 늘어나자 동물이 아닌 공장에서 만들어 낸 인조 모피가 환영을 받게 되었어. 인조 모피가 처음 나왔을 땐 싸구려 인상이 강했지만 지금은 기술의 발달로 진짜와 가짜를 구별하기 힘들 정도로 좋아졌거든. 1980~90년대 사이에는 진짜 동물의 털가죽을 인조 모피로 속여서 파는 어처구니없는 일까지 벌어졌다는구나.

그런데 생명 존중의 가치를 내세운 인조 모피가 친환경 제품은 아니라는 사실이 문제가 되었어. 인조 가죽을 만들 때 엄청난 양의 화학 약품을 사용하거든. 더구나 진짜 모피는 폐기 후에 금방 흙으로 돌아가지만 인조 모피는 분해되기까지 수백 년의 시간이 걸리지. 한쪽은 동물 학대의 우려가 있고, 한쪽은 환경 오염의 문제가 있으니 어느 쪽을 선택하기가 참 어려워. 생명의 가치도 지키고 환경도 보호할 수 있는 제품이 하루속히 개발되길 바랄 뿐이야.

중고 시장을 왜 벼룩시장이라 부를까?

옛날에 동물의 모피로 만든 옷은 따뜻하고 감촉이 좋지만 한 가지 큰 단점이 있었어. 털옷에 벼룩이 잔뜩 있다는 거야. 과거 유럽인들은 위생 상태도 별로인 데다 목욕을 거의 하지 않았기 때문에 그럴 수밖에 없었지. 특히 모피 옷을 즐겨 입던 귀족들은 사냥을 귀족 스포츠로 여겨 사냥개와 함께 살다시피 했어. 그러니 벼룩과 이가 몸에 득시글대는 게 너무나 당연했지.

이 시대의 풍속화에는 옷을 벗어 벼룩을 잡는 사람들이 종종 등장해. 벼룩이 귀족인지 천민인지를 가려서 살 리는 없지. 당시 상류층의 예절 교본에는 '남이 보는 데서 몸을 긁지 말라'는 내용이 담겨 있었대.

벌레를 퇴치하는 약이 발달하지 않은 옛날에는 모피를 비롯한 거의 모든 옷에 벼룩이 있었어. 그래서 헌 옷을 사고파는 중고 시장을 벼룩시장이라 불렀지. 헌 옷을 사면 남의 피를 빨아 먹던 벼룩까지도 같이 사는 꼴이라 그렇게 불렀던 모양이야.

4 부자들의 장난감에서 생활필수품이 된 자동차

　자동차가 아직 없던 시대에 가장 빠른 교통수단은 말이나 마차였어. 말이나 마차를 타고 도로를 달리면 꽤 낭만적일 것 같다고 생각하지만 꼭 그렇지만도 않았어. 도로가 무척 지저분하고 시궁창 못지않게 냄새가 고약했기 때문이지. 말은 살아 있는 생물이기 때문에 건초를 먹고 오줌과 똥을 싸야 해. 20세기 초만 해도 뉴욕시를 돌아다니는 말들은 하루에 평균 똥 114만 킬로그램과 오줌 22만 리터를 길거리에 쏟아 놓았대. 마차가 많이 다니는 길은 똥오줌 범벅이었던 거지. 여기에 비라도 내릴라치면 오물투성이 진창길이 되곤 했단다.

　자동차는 말처럼 먹이를 먹지도 않고 똥오줌을 싸지도 않아. 그래서 당시에는 '말이 끌지 않는 마차'라고 불리기도 했대. 자동차가 처음 나왔을 때는 도로를 오염시키지 않는 청정 교통수단으로 각광을 받았어. 지금처럼 도로를 가득 메운 차들이 매연을 내뿜어 도시의 공기 질을 악화시키는 상황과는 너무도 딴판이었지.

　자동차는 20세기에 성인 남자들의 인기를 한 몸에 받았던 최초의 유행 상품이었어. 처음에는 귀족 계층만 애용했지. 그러다가 점차 돈만 있으면 어떤 남자라도 하나쯤 갖고 싶은 제품이 됐어. 당시 자동차를 굴리는 사람은 대개 스포츠를 즐기는 부자이거나 아니면 재력을 과시하고 싶어 하는 벼락부자 정도였어.

　자동차 운전을 스포츠로 여기게 된 것은 위험하기 짝이 없는 속도 때문이었어. 쇳덩이로 된 근육과 폭발하는 심장으로 무장한 이 자동차 괴물을 타고 무한히 질주하는 것에 남성들은 쾌감을 느꼈지. 탐험을 좋아하는 남성이 위험을 무릅쓰고 차에 오르는 것은 남성적인 매력을 뽐내는 일이기도 했어. 그래서 초창기 자동차가 남성들의 애용품이 된 거란다.

　물론 다른 이유도 있었어. 당시의 자동차는 지금처럼 안전하지도 않았고 기능도 좋지 않았어. 특히 핸들이 빡빡해 다루기가 아주 힘들었기 때문에 위급한 상황에서 사고를 피하려면 상당한 힘이 필요했어. 도로 사정도 좋지 않아 비만 오면 진흙탕 길이 되어서 여성이 운전하는 것은 매우 위험한 일이었지.

　다만, 당시에도 시골 의사들은 자동차를 용도에 맞게 요긴하게 썼어. 집집마다 왕진을 가야 하는 의사에게 자동차는 아주 편리한 교통수단이었거든. 옛날에는 의사가 직접 환자의 집을 찾아가기도 했는데 이걸 '왕진'이라고 해. 존경받는 의사들이 자동차를 애용하자 사람들의 생각도 조금 달라졌어. 자동차가 단지 스포츠를 즐기는 게으른 부자들의 놀이용 장난감이 아니라 일상생활에 쓸모가 있는 좋은 교통수단이라고 생각하게 된 거지.

　자동차가 대중화되는 데 큰 몫을 한 것이 헨리 포드의 T형 자동차야. 흔히 자동차 왕으로 불리는 헨리 포드는 1904년에 자동차 회사를 설립했어. 그의 꿈은 튼튼하고 값싼 자동차를 만들어 대중에게 널리 보급하는 거였어. 부자들의 장난감이던 자동차를 일반 국민의 생활필수품으로 만드는 게 목표였지. 이를 위해 그는 A형 모델의 자동차를 처음 선보였어. 그 뒤로 신형 자동차가 나올 때마다 알파벳 순서로 이름을 붙였는데 4년 후 T형 모델이 나오자 엄청난 인기

를 끌었어.

헨리 포드의 경영 철학은 '값을 1달러 내리면 자동차를 1천 대 더 팔 수 있다'는 거였어. 가격이 낮아지자 부자가 아닌 서민도 차를 가질 수 있게 되었지.

당시 노동자들에게 왜 일을 하느냐고 물어보면, 생활고를 해결하기 위해 일한다는 사람은 25퍼센트, 집을 마련하기 위해 일한다는 사람은 겨우 10퍼센트에 불과했지만 자동차를 사기 위해 일한다는 사람은 무려 65퍼센트였다고 해. 이런 열망이 자동차의 인기를 더욱 부채질했고, 자동차가 대중화되는 데 밑거름이 되었지. 그 결과 T형 자동차가 선을 보인 지 불과 10여 년 만에 자동차는 부자들의 장난감에서 일반 서민들의 생활필수품으로 자리를 잡게 되었단다.

자동차가 일상화되면서 그와 관련된 새로운 말들도 생겨났어. 차에 기름을 넣는 주유소, 거리의 질서를 잡아 주는 교통경찰, 자동차를 세우는 주차장, 자동차가 다니는 위험한 도로를 함부로 건너는 무단횡단, 사고 때 탑승자를 보호하는 안전띠 등등. 자동차는 이제 유행을 넘어서 일상생활이 되었기 때문에 이런 말들은 자연스럽게 우리 생활에 깊숙이 자리하게 되었단다.

자동차에도 별명이 있었다?

사람들은 T형 자동차를 '틴 리지(Tin Lizzie)'라는 애칭으로 불렀어. 이게 무슨 말이냐고? '틴'은 철판을 가리키고, '리지'는 집안의 모든 일을 도맡아 하다가 일요일이면 잔뜩 빼입고 교회에 나가는 여자 하인을 일컫는 말이야.

T형 자동차 역시 리지와 비슷했어. 평소에는 무거운 짐을 실어 나르며 머슴처럼 힘들게 일하다가 주말이면 깨끗이 세차해서 가족들을 싣고 나들이를 떠났거든. 그래서 자동차가 마치 철판으로 만든 리지 같다고 해서 '틴 리지'라 부른 거야. T형 자동차는 그만큼 사람들의 많은 사랑을 받았어.

5 20세기 새로운 산업이 된 대중문화

20세기에 들어서 가장 두드러진 특징은 대중문화의 등장이야. 과거에는 왕과 귀족 중심의 사회였기 때문에 멋과 유행을 주도하는 것도 왕과 귀족을 중심으로 한 상류 계층이었어. 하지만 신분제가 무너지고 민주주의가 발달하면서 상황이 달라졌지.

민주는 한자로 '백성 민(民)'에 '주인 주(主)'야. 말 그대로 국민 한 사람 한 사람이 모두 국가의 주인인 거지. 이에 따라 차별을 받던 여성들도 20세기에 들어서면서 직접 정치에 참여할 수 있는 투표권을 얻기 시작했어. 아울러 산업이 크게 발달하고 생활이 풍요로워지면서 여가 시간도 그만큼 늘어났지. 이런 정치, 경제적인 변화를 밑거름 삼아 대중문화가 꽃을 피웠어. 그러면서 옛날에 멋과 유행을 이끄는 역할을 했던 왕과 귀족들 대신 대중문화의 스타들이 그 자리를 차지하게 되었단다.

대중문화가 한창 부흥기를 맞이하던 1950년대를 예로 들어 볼까? 이때는 미국 할리우드의 영화 산업이 발달하면서 영화배우들의 전성시대라 해도 과언이 아닐 만큼 수많은 스타들이 대중들에게 사랑을 받았어. 화려하면서도 지적이며 때론 소녀 같은 순수한 이미지의 오드리 헵번, 이국적이면서도 여성적인 분위기를 물씬 풍기던 엘리자베스 테일러, 백치 같은 표정으로 성적 매력을 한껏

오드리 헵번, 영화 〈로마의 휴일〉의 한 장면

뽐내던 마릴린 먼로 등이 대표적이야. 남자 배우로는 영화 〈이유 없는 반항〉으로 인기몰이를 하던 제임스 딘과 〈욕망이란 이름의 전차〉로 명성을 떨친 말론 브란도 역시 빼놓을 수 없지. 이들의 인기는 멋과 유행에도 크나큰 영향을 미쳤단다.

가장 선풍적인 인기를 끈 것은 오드리 헵번이야. 그녀는 영화 〈로마의 휴일〉에 출연하면서 머리를 짧게 자르고 눈썹 화장을 짙게 했어. 이것이 전 세계적으로 크게 유행하여 '오드리 헵번 스타일'이라는 말이 생겨났을 정도지. 아울러 영화 〈사브리나〉에서 주인공 사브리나 역할을 맡으면서 입고 나온 의상이 화제가 되었는데, 일명 사브리나 팬츠라 불리던 '맘보바지'와 우아한 '지방시 드레스'가 폭발적으로 유행했단다. 지방시는 당시 영화에서 의상을 맡았던 디자이너의 이름이고, 맘보바지는 통을 좁게 하여 다리에 꼭 끼게 만든 바지를 말해. 아울러 이 시대 젊은 남성들은 제임스 딘이나 말론 브란도와 같은 반항아의 이미지를 흉내내 그들이 입었던 청바지도 크게 유행했단다.

물론 영화배우 말고도 엘비스 프레슬리나 비틀즈 같은 가수들도 이 시대의 대중문화가 만들어 낸 스타야. 이제는 거의 전설이 되다시피 했지만 당시 젊은 이들에게서 엄청난 열광과 환호를 받았지.

대중문화의 가장 큰 특징은 누구나 쉽게 접하고 누릴 수 있다는 거야. 남자든 여자든, 어른이든 청소년이든, 부유하든 가난하든, 지위가 높건 낮건 간에 상관없이 모두가 함께 즐길 수 있었지.

이것이 가능할 수 있었던 것은 대중 매체의 발달 덕분이야. 그 이전에는 연극을 보거나 노래를 들으려면 직접 무대가 있는 공연장을 찾아가야 했어. 하지만 라디오나 텔레비전 등의 대중 매체가 널리 보급되면서 방에 앉아서도 갖가지 소식을 듣고 다양한 문화생활을 즐길 수 있게 되었지. 여기서 한 걸음 더 나아가 오늘날에는 인터넷과 스마트폰까지 등장했어. 이처럼 매체는 나날이 발전하고 있단다.

대중문화의 영향력은 점점 커져서 이제는 문화 산업이라는 말까지 나올 정도야. 실제로 자동차를 수백 수천 대를 만들어서 파는 것보다 영화 한 편, 노래 한 곡이 크게 유행하는 게 경제적 파급 효과가 더 크다고 해.

예를 들어 스티븐 스필버그 감독의 〈쥐라기 공원〉은 전 세계 관객들로부터 엄청난 인기를 얻었어. 이 영화를 본 관객들의 입장료는 물론이고 여기서 파생된 각종 공룡들의 캐릭터 인형, 책, 옷, 광고 등 갖가지 분야의 수입이 어마어

마하지.

 지금 우리나라의 아이돌 그룹 BTS(방탄소년단)도 전 세계 사람들에게 폭발적인 인기를 얻고 있는데 이 또한 마찬가지야. 음반 판매로 벌어들이는 수익은 기본이고 그들이 입었던 옷, 신발, 액세서리까지 덩달아 큰 인기를 얻고 있어. 아울러 우리나라의 인지도가 높아지면 그들과 직접 관련이 없는 한국 제품일지라도 외국인들의 호감을 사게 되지. 이처럼 대중문화는 상품으로도 큰 가치를 지니게 되었단다.

6 멋과 유행은 돌고 도는 것

이제 멋과 유행의 역사를 마무리 지어야 할 시간이 왔어. 생각보다 많은 이야기가 들어 있지? 멋과 유행은 과거의 이야기 속에만 화석처럼 존재하지 않아. 현재 진행형으로 지금도 계속되고 있으니까.

고개를 들어 주변을 한번 돌아봐. 어떤 멋과 유행이 사람들의 마음을 사로잡고 있는지 보일 거야. 우리가 입고 있는 옷을 비롯하여 머리 스타일, 액세서리, 장난감, 생활용품 등 모든 것이 이 시대를 표현하고 있지.

시대의 정신이 깃든 유행은 절대 한곳에 머물러 있지 않아. 끊임없이 돌고 도는 것이지. 한곳에 머물러 있다면 그건 유행이 아니야.

그렇다면 유행이 생겨나는 이유는 대체 뭘까? 유행의 특성을 몇 가지 꼽으라면 새로움, 안정감, 차별화라고 말할 수 있어. 사람들은 늘 새로운 것을 추구해. 익숙해지면 낡고 지루한 감정이 생겨서 거기로부터 벗어나려는 욕구를 느끼지. 그렇게 새로운 것이 나타나고 어느 집단이 큰 흐름을 이룰 때 유행이 만들어지는 거야. 일단 유행이 만들어져 그 집단에 소속되면 안정감을 얻을 수 있어. 초식 동물이 큰 무리를 지어 그 속에서 안도감을 얻는 것과 비슷해.

뭐든 뾰족한 것이 유행이던 고딕 시대를 예로 들면 쉽게 이해가 될 거야. 지금 그때처럼 뾰족한 모자와 뾰족한 신발을 신고 거리를 나닌다면 비웃음을 살 거야. 그러나 당시에는 너도 하고 나도 하는 유행의 흐름 속에 있었기 때문에 아무도 손가락질할 사람이 없었지. 유행을 타면 아무리 해괴망측한 멋을 부려도 받아들여지거든. 오히려 그렇게 하지 않는 사람이 눈총을 받을 수도 있지.

그런데 새로운 것도 시간이 흐르면 낡은 것이 되기 마련이야. 남들과 차별화된 무언가를 찾으려는 욕구가 일어나지. 그렇게 다시 새로운 유행이 만들어지면 지난 시절의 유행은 사라지게 되는 거란다.

하지만 유행이라고 해서 늘 새로운 것만 등장하는 건 아니야. "하늘 아래 새

로운 것은 없다."는 성경의 말처럼 기억 속에서 잊힌 것들이 부활하기도 해. 사라져 버린 낡은 유행도 오랜 시간이 지나 모두의 기억 속에 묻혔다가 다시 살아나면 그것 또한 새로운 것이 되지. 이런 걸 '복고풍'이라 부르곤 해. 옛것이 되살아난다는 뜻이야.

  복고풍은 특히 경제 상황이 좋지 않을 때 유행하는 경향이 있다고 해. 경제가 침체기를 맞으면 그만큼 생활이 어렵고 힘들어져. 그러다 보니 지난 시절을 떠올리며 향수에 젖어들게 되지. 현재가 암울하니 과거의 좋았던 추억을 회상하는 거야. 복고풍 상품들은 나이 든 세대에게는 과거의 아련한 향수를 자극하고, 신세대에게는 새롭고 신선한 유행 상품으로 자연스럽게 스며드는 거란다.

갈수록 빨라지는 유행의 속도

어떤 학자는 유행이 20년마다 되풀이된다는 주장을 폈어. 지나간 유행은 적어도 20년이 지나면 다시 새롭고 멋진 것으로 받아들여진다는 거지.

여성들이 입는 치마 길이의 변천사를 보면 이 주장이 얼추 맞는 것 같기도 해. 제1차 세계 대전이 끝나고 활기가 넘치던 1920년대에는 치마 길이가 위로 올라갔어. 경제가 크게 침체되며 세계적인 대공황이 시작된 30년대에는 치마 길이가 내려갔지. 제2차 세계 대전이 한창이던 40년대에는 군수 산업이 활기를 띠면서 치마 길이가 다시 올라가고, 전쟁 이후 정숙함이 중시되던 50년대에는 다시 내려갔어. 대중문화가 크게 발달하면서 사회 분위기가 활발해진 60년대에는 치마 길이가 한껏 올라갔어. 당시 영국에서 시작된 미니스커트 열풍이 전 세계를 휩쓸었지. 하지만 70년대에는 다시 일시적인 불경기가 찾아오면서 치마 길이가 내려갔단다.

과거 왕조 시대에는 어떤 유행이 100년, 200년씩 이어지기도 했지만 이런 일은 지금은 찾아볼 수 없어. 사회의 발전 속도가 빨라짐에 따라 유행의 속도가 점점 빨라지고 그 주기도 갈수록 짧아지고 있어.

그래서 20년 주기론이 21세기 현대 사회에서는 적용되기 어렵다고 보기도 해. 정보와 속도가 중요시되는 4차 산업 혁명 시대에는 인터넷과 각종 스마트 기기의 보급으로 다양한 상품을 쉽게 접하고 유행을 빠르게 소비하게 되지. 그래서 유행의 기간도 짧고 빨라지는 거란다.

여기서 중요한 점은 유행의 주기가 길든 짧든 유행은 흘러가지만 언젠가 다시 돌아온다는 사실이야. 그러니 우리 눈앞에 있는 유행을 마음껏 누리고 즐기고 만끽하며 살자꾸나!

참고 도서

- 그레그 제너, 『소소한 일상의 대단한 역사』, 와이즈베리
- 김경선, 『미니스커트는 어떻게 세상을 바꿨을까』, 부키
- 나카노 교코, 『명화로 보는 남자의 패션』, 북스코프
- 마이클 콕스, 『패션이 팔랑팔랑』, 주니어김영사
- 바버라 콕스 외, 『fashionable—아름답고 기괴한 패션의 역사』, 투플러스
- 배수정 외, 『현대 패션과 서양복식문화사』, 수학사
- 송명견, 『옷, 벗기고 보니』, 이담북스
- 유아정, 『아름다운 것들의 역사』, 에이엠스토리
- 이민정, 『코르셋과 고래뼈』, 푸른들녘
- 임미애 외 공저, 『화장문화사』, 신정
- 찰스 패너티, 『문화와 유행상품의 역사 1』, 자작나무

작품 출처

- 20쪽 〈빌렌도르프의 비너스〉, 구석기 시대, 석회암, 오스트리아 빈 자연사 박물관
- 23쪽 네페르티티 왕비의 두상, 고대 이집트, 석회암, 독일 베를린 신 박물관
- 24쪽 투탕카멘 왕의 황금 가면, 고대 이집트, 금, 이집트 카이로 박물관
- 26쪽 〈밀로의 비너스〉, 고대 그리스, 대리석, 프랑스 루브르 박물관
- 27쪽 〈원반 던지는 사람〉, 고대 로마, 청동, 독일 뮌헨 고대 조각 미술관
- 35쪽 존 테일러, 〈셰익스피어 초상화〉, 1600년경, 캔버스에 유화, 영국 국립 초상화 미술관
- 50쪽 바르톨로메 에스테반 무리요, 〈수태 고지〉, 1655년경, 캔버스에 유화, 러시아 국립 에르미타시 미술관
- 55쪽 레오나르도 다 빈치, 〈모나리자〉, 16세기경, 캔버스에 유화, 프랑스 루브르 박물관
- 58쪽 〈엘리자베스 1세〉, 1575년경, 캔버스에 유화, 영국 국립 초상화 박물관
- 70쪽 이아생트 리고, 〈루이 14세의 초상〉, 1701년, 캔버스에 유화, 프랑스 루브르 박물관
- 78쪽 〈앙리 3세의 궁정 무도회〉, 1580년경, 캔버스에 유화, 프랑스 루브르 박물관
- 83쪽 〈어이없는 취향 또는 어리석은 귀부인들〉, 1771년경, 판화, 영국 웰컴 소장품
- 85쪽 신윤복, 〈미인도〉, 19세기 초, 비단에 수묵 담채, 간송미술관
- 91쪽 외젠 들라크루아, 〈민중을 이끄는 자유의 여신〉, 1830년, 캔버스에 유화, 프랑스 루브르 박물관
- 96쪽 안토니스 모르, 〈메리 1세 여왕의 초상화〉, 1554년, 캔버스에 유화, 스페인 프라도 미술관

* 이 책에 수록된 그림 및 사진 일부는 원저작권자를 확보하려고 노력했으나 연락이 닿지 않았습니다.
저작권자가 확인되면 협의를 통해 소정의 저작권료를 지급하겠습니다.